解析洛克菲勒凡事都是別具一格、特立　　　！
從零開始、堅忍不拔、卓越超群，開創財富的入　國！
這部作品是全球商業讀物中百年不衰的「經典之作」！

洛克菲勒
思維聖經

林郁　著

每個人都是他自己命運的設計者和建築師

Everyone is a designer

and architect of his own destiny

前　言

如果把我身上的衣服全剝光，不留下一毛錢，再扔到沙漠
裡去，只要有一支駱駝商隊經過，我還是會成為億萬富翁！

——洛克菲勒

如果你要在十九世紀全世界找一個出類拔萃的人物，那麼美國的
約翰・D・洛克菲勒絕對是一個「傳奇」！

洛克菲勒出身貧窮，在家中六個孩子排行第二。父親是威廉・埃
弗里・洛克菲勒，母親是伊麗莎・戴維森。他父親是賣假藥的江湖郎
中，又犯重婚罪，不是正直的人，故洛克菲勒一生都與他保持著一段
距離，但父親精打細算的商業頭腦也對年幼的洛克菲勒留下正面影
響。然而完全相反的，其母卻是虔誠的浸信會教徒，生活自律，並從
小對他灌輸節儉，勤奮等觀念。兒時同輩形容他是個「口齒清晰，講
究方法，謹慎小心」的孩子。

1864 年，洛克菲勒與蘿拉・斯佩爾曼結婚，兩人是之前在商業
學校的班上認識的。他從此再也沒有第二段愛情關係。他們生了四個
女兒和一個兒子，這唯一的兒子也將在日後繼承他的大部分事業。

洛克菲勒的財富在整個二十世紀，依然繼續讓他的後輩在慈善，

商業，以及政治方面起了許多幫助。孫子大衛·洛克菲勒是美國大銀行家，在美國大通銀行擔任超過 20 年的 CEO。另一孫子，納爾遜·A·洛克菲勒，是共和黨紐約州州長與 41 任美國副總統，第三個孫子，溫斯羅普·洛克菲勒，是共和黨阿肯色州州長。曾孫 John D."Jay" 是民主黨西維吉尼亞州參議員，也是該州前州長。另一曾孫 Winthrop Paul Rockefeller，擔任 10 年阿肯色州副州長。

儘管洛克菲勒的生意手段是走極端的，但他並沒害過人，可當時的世風保守，因此他就變成一個十惡不赦的罪人，人們嫉妒他、謾罵他、攻擊他！但洛克菲勒可是從火裡來，水裡去的大人物，他的心臟十分有力，任何人都擊不倒。因此，在當時他也就成為一個毀譽摻半的天使與魔鬼型的人物！

不過，歷史還是「公道自在人心」！現在，我們來看看這些人對他的評價：

　　洛克菲勒有條不紊到極點，留心細節，不差分毫。如果有一分錢該給我們，他一定會拿出來。如果少給客戶一分錢，他也會要客戶把它拿走。

——洛克菲勒合夥人克拉克

　　洛克菲勒的巨大財富不是從別人的貧困得來的。他不是像

隕石那樣的破壞一切而前進,而是經過四分之一個世紀的大膽冒險,在一個許多資產家都不敢踏入的新興危險領域中冒險。他也有努力的員工,更有比過去美國工業家們更為睿智而有遠見的計劃。1894 年,石油的商機並不比鋼鐵,銀行,或鐵路來得多。這位巨人聚集他的財富,又顧到別人的利益。這是最挑戰我們傳統認知的地方。我們有很多的證據顯示,洛克菲勒始終如一的作法是給競爭對手合理的補償,可能是現金可能是股票,讓他們退出。公平的說,一個公正的歷史學家應該認為洛克菲勒比卡內基對競爭者更為仁慈。我們可以得到這個結論:「他的財富跟和其他同時代的鉅富們相比,是最不骯髒的!」

—— 傳記家 *Allan Nevins*

他最讓我們思考的原因以及他為何永遠引起世人如此矛盾反應的原因——就是,他好的一面實在好到不能再好,但壞的一面很壞,異常冷靜。歷史很少出現這樣的人物。

—— 傳記家 *Ron Chernow*

以一個週薪 5 美元起家的簿記員,竟然能從九千多萬人(美國 1910 年當時的人口)的行列中脫穎而出,成為全世界的石油霸主。以一個移民家庭而言,洛克菲勒也是「美國夢」的開創者。

　　可他的成功卻不是「美國夢」所造就的，反而是他造就了「美國夢」。他憑藉著精明的眼光與堅定的信仰，以及異乎常人的膽識、不斷地開疆闢土、過關斬將，以節儉勤奮進取的精神，開創出全球第一的財富大帝國！

　　雖然如今時空背景已大大不同，可世間的道理卻是不會改變的，也因此洛克菲勒的創造力思維，仍然是值得每一位成功者或想要成功的人士去深思、去學習的典範。

目錄 Contents

第三章　商場中的狼道哲學

第四章　出色的父親

上帝為我們創造雙腳，
是要我們靠自己的雙腳來走路。

God created our feet for

us to walk on our own feet

第一章

力爭上游

洛克菲勒の思維

命運給予我們的不是失望之酒，而是機會之杯。

我們的命運由我們的行動決定，而不是由出生來決定。

對我來說，第二名和最後一名是沒有什麼區別的。

會設計運氣的人，就會設計自己的人生。

在你邁出第一步時，心中必須裝著第二步——這是我一生的經驗。

從貧窮通往富裕之路是暢通的，重要的是你要相信自己是最大的資本。

我應該是一名富翁，我沒有權利當窮人。

有太多人高估他們所欠缺的，又低估他們所擁有的。

I・力爭上游

　　一八三九年，洛克菲勒出生於美國里奇福德鎮，姐弟六個，他是家中長子。父親生性放蕩，歪七扭八、無所不做：扮江湖郎中出售假藥、當捐客販賣馬匹、買賣毛皮等，後來還因犯了重婚罪常常要跑路，必須東躲西藏的，搞得家裡不得安寧。由於父親常年不在家，家中所有的重擔於是都落在了母親一個人身上。

　　洛克菲勒和弟妹們在童年時，幾乎沒有穿過新衣服，衣服破了，補了又補，一件外套，姐弟幾個幾乎都是輪流穿來穿去。更難過的是，他們住在一間沒有泥牆的木板房子裡，夏天還好，到了冬天，寒風、雪花從木板縫隙裡擠進來，一家人凍得瑟瑟發抖，只能相互擁抱著取暖。

　　年少的洛克菲勒每天早上給別人家擠完牛奶，再光著腳丫走幾公里的路去上學。這就是洛克菲勒的童年生活，即使生活在這樣貧窮的環境中，洛克菲勒也從未抱怨過，只能默默幫母親盡一己之力。

　　在沒有一個負責任的父親的日子裡，洛克菲勒變得越來越堅強。作為家中長子，他擔負著沉重的責任。他要精打細算地生活，要仔細地花每一分錢，這也無意中使他養成了節儉和賺錢的意識——而這也是他一輩子奉行的信仰——節儉與賺錢。

2・全力以赴

洛克菲勒從小就是一個十分勤快的孩子，他像母親一樣，用自己的雙手幫助做一些力所能及的家務事。此外，為了擔負起養家的責任，洛克菲勒還利用空閑的時間在農場幫別人打工，賺取生活費。

正式工作後，洛克菲勒將他自小養成的艱苦勤勞的習慣融入到工作中來。他從不將繁重的工作當作是多麼辛苦的事情，相反，他熱愛甚至痴迷於工作。這個典型的「工作狂」將大量的時間用在工作上，連享受自己私生活的時間都沒有。

雖然出身比較貧窮，但是洛克菲勒對禮貌和穿著十分重視，不求穿多麼貴重的衣服，只求乾淨、整齊、得體。洛克菲勒非常厭惡那些頭腦簡單、挺著肚子說著粗話的大老闆——石油生產商，可為了工作，他不得不面對這些沒有禮貌的家伙們。有時候，他為了更深入去瞭解工作，經常坐長時間的車去外地油田，穿著高筒雨靴到泥濘不堪的生產一線，忍受著石油刺鼻的氣味，去了解石油質量、產量和蘊藏量等各方面資料。

對於創業者來說，辛苦是不可避免的。敢於吃苦、不怕吃苦的洛克菲勒總是能通過辛苦工作來掌握最真實準確的商業信息，而以商業

信息為載體的策略制定和執行無疑是更直接有效的，而屢屢在商業戰爭中贏得勝利就是洛克菲勒辛苦付出後的最大收獲。

　　所以，我們不應該害怕吃苦，「一分耕耘、一分收獲」一定要敢於為自己的夢想下功夫去打造自己，更要敢於長時間的奮戰打拼，凡事全力以赴——不要老是懷疑自己的能力，而是要看看自己的努力！

3·父親的教導——人心險惡

　　洛克菲勒堅忍不拔、吃苦耐勞的精神，不得不說是和他的家庭背景有重大關係的。前面提過，洛克菲勒出生在一個貧窮的家庭，他是六個孩子排行老二的家中長子。不幸的是，洛克菲勒有一個極其不負責任的父親。作為長子的洛克菲勒，自小便和母親一起承擔起了養家糊口的重擔。

　　對洛克菲勒性格影響最大的人莫過於他的母親了。洛克菲勒的母親是一位極度虔誠的基督教徒，她嚴格規範自己的一言一行，使它們能符合《聖經》的要求。她還將這種精神傳遞給孩子們，而洛克菲勒也潛移默化地受到了這種思想的影響。

　　洛克菲勒的母親時常將生活中的知識分享給洛克菲勒，比如勤勞並且節儉對於白手起家的人來說是致富的基本常識；像蜜蜂一樣勤勞地勞動，不能妄想天上掉餡餅，有了一定積蓄之後也不能胡亂花費，洛克菲勒將母親的忠告銘記在心，並巧妙地運用到以後的工作生活中。最明顯的一個證明就是記賬，沒有經過誰的提醒，洛克菲勒從少年開始就有記賬的習慣，上面記錄的僅是生活瑣碎小事的花費，後來連和妻子約會時的花費也在其中。

　　由此可見，洛克菲勒母親的生活常識很是有效，勤勞使洛克菲勒在工作中總是能收獲更多的讚譽和物質獎勵，而節儉的生活方式使洛克菲勒有了改變人生的第一桶金。

　　父親大比爾經常外出做生意，其實他也是生意奇才，他販賣木材、馬匹、還有「專治百病、馬上見效」的假藥，為人機警、狡猾、充滿自信，十分任性，對洛克菲勒等家人的生活，並沒有多大的照顧。不過，這個與洛克菲勒母親性格截然不同的男人，由於他長年在外打混，所以深諳現實社會的黑暗和冷酷，他總是用一些特殊的方法來「教育」孩子們。比如，告知洛克菲勒說些世人如何人心險惡、為利忘義之道，同時他也指導他如何寫商業書信，怎麼清晰記賬，怎樣處理收付款。

　　這些比較實用的知識和母親傳統的說教不同，它們對洛克菲勒後來的經商生涯有著至關重要的作用。細心的洛克菲勒也積極將這些知識運用到後來的工作中，尤其是他的第一份工作——簿記員。聰明好學的洛克菲勒也借助工作的機會，完美發揮以往積累的知識，並不斷加深經營技能，在賬務問題上總是做到細緻入微、清清楚楚。

　　雖然沒有機會接受更高的教育，不過平時愛好閱讀的洛克菲勒總是通過讀書來收獲科學系統的專業知識。他讀書不是死讀書，而是結合現實的經濟狀況做出合宜的決定。

　　比如，在面對市場無序競爭時，原油產量激增導致石油價格暴跌，場面一度難以控制。這讓洛克菲勒對亞當·斯密斯《國富論》中提出的「看不見的手」理論產生了一些懷疑：究竟那隻看不見的手在哪裡，什麼時候能調整這種混亂的市場？

　　後來，洛克菲勒認識到在短期內依靠那隻「看不見的手」是行不通的，石油行業的洗牌活動遲早會進行，規模生產也會成為非常重要的組織形式。

　　想到這裡，洛克菲勒便大刀闊斧地開始了市場整頓，他和眾多小煉油商談判，通過購買他們手中的公司，來達到整體控制的目的。雖然這項計劃因為受到一些無信用廠商的破壞，效果不及預期，但事實證明，市場發展正如洛克菲勒預測的那樣。而這種思想，正是洛克菲勒將具備的知識巧妙運用到實踐中的具體體現！他不是讀死書的學生，他是將書的理論活化的醫生。

4·傑克遜鎮長的忠告

　　帶著這個偉大的夢想，洛克菲勒來到了距離家鄉很遠的一個偏僻小鎮。在這個小鎮上，洛克菲勒結識了鎮長傑克遜先生。傑克遜先生已經年過五旬，他一直以來都生活在這個雖不繁華但是卻令自己倍感親切的小鎮上。他擔任這個小鎮的鎮長已經很多年了，所以鎮上的人們也從來沒有想到要選舉新的鎮長。

　　的確，傑克遜實際上也是擔任鎮長的最佳人選，他性格開朗、為人熱情，而且平易近人，更重要的是，他的心地十分善良。無論是當地人，還是來到這個小鎮上的人，只要與傑克遜有過接觸，他們就會深切地感受到傑克遜的熱情和善良。

　　洛克菲勒住的小旅館就離鎮長傑克遜家不遠。每當洛克菲勒站到旅館旁的大門前向遠方遙望時，他都會看到鎮長家門口的那片長滿各色鮮花的花圃。每次遇到洛克菲勒時，鎮長都會停下忙碌的腳步問這個獨在異鄉的年輕人有什麼需要幫忙的地方。當洛克菲勒需要一些生活用品時，熱情的鎮長夫人總是會十分高興地給予幫助，而且鎮長還會時不時地讓女兒為洛克菲勒送去一些妻子做的小點心。

　　在小鎮上住了一段時間仍然感到一無所獲的洛克菲勒決定過幾天就離開這個小鎮了，在離開小鎮之前他要特別感謝鎮長給予他的關

照。就在他準備向鎮長告別的前幾天,小鎮迎來了連續幾天的陰雨天氣,這情況讓洛克菲勒不得不繼續留在這裡,同時他也在心裡咒罵著這該死的鬼天氣。

小雨時斷時續,每當雨滴停止的時候,洛克菲勒都會走出旅館大門——實際上洛克菲勒就住在傑克遜家的斜對面,看看鎮長家門前那些經雨露滋潤而倍加嬌艷的花朵。

這一天,當他走出旅館大門的時候,他看到鎮上來來往往的人們已經把鎮長家門前的花圃踐踏得不成樣子了。

洛克菲勒為此感到氣憤不已,他真為鎮長和這些花朵感到惋惜,於是他站在那裡指責那些路人的行為。可是第二天,路人依舊踩踏鎮長家門前的那片可憐的花朵。第三天,鎮長拿著一袋煤渣和一把鐵鍬來到了泥濘的道路上,他用鐵鍬把袋子的煤渣一點一點地鋪在人們行走的泥濘路上。

一開始,洛克菲勒對鎮長的行為感到不解,他不知道鎮長為什麼要替這些踐踏自己家花圃的路人鋪平道路。可是很快他就明白了鎮長的苦心,原來有了鋪好煤渣的道路,那些路人再也不用踩著花圃走過泥濘的道路了。

洛克菲勒最後還是離開了這個小鎮，不過他知道，自己再也不是一無所獲的離開了，他帶著鎮長傑克遜告訴自己的一句話從從容容地踏上了追求夢想的道路，那句話就是「善待別人就是善待自己」——直到成為聞名於全美的石油大王，洛克菲勒依然牢牢地將這句話銘記在心中。

善待別人就是善待自己。性格自私的人不願意對別人付出任何關愛，所以他們永遠都體會不到來自他人的友情和溫暖。而那些胸襟開闊的人則始終生活在幸福和關愛之中，這些幸福和關愛既來自於別人，也來自於他們自己。

5‧《致富秘笈》

由於出身在貧窮之家，所以洛克菲勒很早就想盡辦法找出一條創業的致富之道，可惜，他費盡心思，還是沒有想出一個很好的辦法。

有一天，洛克菲勒在報紙上看到一篇廣告，廣告是宣傳一本名為《致富秘笈》的書。他迫不及待地去書店購買了一本。回到家他打開一看，書中只印了兩個字——節儉。

這讓他很是失望，想著第二天去找這個書商理論。

當天晚上，洛克菲勒躺在床上，一直輾轉反側，腦子裡面想的都是「節儉」兩個字。他越想越覺得這本書說得有道理，越想越覺得可行：現在年輕人只一心將目光放在很長遠的地方，殊不知，要想積累創業資金，節儉確實是一條很好的路子啊。這可是自己身邊可以掌握的資源啊。

洛克菲勒這下才算是真正明白過來。從那之後，每天他都靜心計算所花費的每一分錢，能省則省。幾年下來，洛克菲勒的積蓄有 800 美元。他用這筆錢當作自己的創業資金，開始了石油生意，最終成為美國屈指可數的大富翁。

洛克菲勒發家之後，他也將這種節儉的習慣保留了下來。他出差的時候，會去住最低廉的客房，也會花一毛錢去坐公共汽車回家。

　　洛克菲勒的孩子長大後，他給每一個孩子都發了一個賬本，要求他們將自己所花費的每一分錢都清清楚楚地記錄在賬本上。在下一次領取零花錢之前，這個賬本要交給他查看。記錄得當、花費得體的孩子還會得到一美元的獎勵，相反就會被扣除一美元。這樣一來，也就讓孩子們有了節儉意識，不亂花錢。

　　洛克菲勒家族能夠發展至今（第七代了），想必和洛克菲勒的這種教育是分不開的，這也是約翰・洛克菲勒的「致富之道」。

6・人生的第一步

如果論血統、論家產，洛克菲勒似乎永遠不會成為一位全世界最有錢的人，而自立自強、堅苦奮發的精神使洛克菲勒脫穎而出成為一個偉大的有錢人。

這種良好的品德支撐著他做出了同齡人做不到的事業。高中畢業之後，洛克菲勒沒有像其他同學一樣先來一場自行結伴的旅行，相反，他弄來一身行頭，每天把皮鞋擦得亮亮的，按照清單上已經列出的目標公司，開始了找工作的歷程。

在持續將近五個星期的時候，洛克菲勒的朋友開始勸他放棄，父親甚至斥責地說道：「如果你找不到工作，就回鄉下去。」但是洛克菲勒還是以樂觀的心態面對這個打擊。「為什麼沒人雇傭我？」洛克菲勒在陷入沉思的同時，將雇主給出的回覆做了總結：沒經驗、年齡太小、公司已經有足夠的人員了……「就一定沒人願意雇用我嗎？」洛克菲勒不相信。

終於，在風和日麗的一天，洛克菲勒收到休伊特・塔特爾公司的面試通知，並順利成為這個位於莫溫大街主做農產品運輸代理的公司的記賬員。而洛克菲勒猜想，之所以成功，可能因為面試官對這個在七八月間瘋狂找工作的年輕人有了深刻的印象。

這一天，被洛克菲勒稱為就業日，但這離真正的成功還很遙遠！

在別人看來，記賬員是一份很枯燥的工作，可是洛克菲勒卻不這麼認為。相反，他將自己全部的精力都投入到了這份工作中。每天天不亮，他便要起床工作，哪怕是一個很小的細節之處，他也不會輕易放過：找到賬目中的錯誤，每天更換新的賬簿等。

這樣的工作持續一段時間後，洛克菲勒看到了收穫。他賺得的工資不僅可以維持自己的日常生活，他還用多餘的錢為母親買了一份母親節禮物。更讓洛克菲勒興奮的是，人們已經開始認可他了，這是他最為高興的事情。

洛克菲勒在日記中這樣寫道：「我開始覺得心中已經積累了許多經商方面的經驗和感受，這是許多人想像不到的，一個創業的藍圖在我腦海中漸漸清晰起來，雖然這樣的清晰建立在我兩個月來身體的疲憊和大腦孜孜不倦的轉動上，但我換來的是一個更加成熟的自己，還有休伊特對我的信任，辦公室裡同事們對我的尊重，沒有人再把我當作一個初出茅廬的小青年了。」

7·替老闆收租金

休伊特本來就是個小財主，他在經營公司主業的同時，也不忘把資金用來做一些房地產投資，他在周圍買了一些房子，再將這些房子租出去坐收租金，一套兩套，慢慢休伊特名下的房子多了起來，而他本人也無暇專門抽時間去管理這些瑣事，而克利夫蘭又是一個人口流動性很大的城市，也不好一一了解這些來來往往的人有著怎樣的人品，於是，拖欠房租的人就多了起來。

這時，洛克菲勒記賬的工作已經駕輕就熟了了，這主要歸功於前期他花費很多時間去整理以前的賬目。所以，洛克菲勒正好有時間去完成休伊特交給他的新任務——收房租。

這個工作看似簡單卻充滿挑戰性，因為有的租客比較難纏，已經有很多比洛克菲勒資歷老的人無功而返了。不過，洛克菲勒對這項工作充滿激情，在初涉社會的他看來，任何一個新鮮的玩意都能使自己學到很多知識。

於是，洛克菲勒拿出年輕人不屈不撓的精神去了租屋者家中。他彬彬有禮的收債方式顯然不能使租屋者有所行動，於是，他就換個辦法，每天坐在租屋者門前，耐心地等待，臉上還帶著一副收不到這筆

錢就活不下去的樣子。不止這樣，在門口端坐的洛克菲勒還不忘和租屋者的鄰居們打招呼：「這家的租屋子的人欠了我們老闆的錢，我得把錢收回去。」

帶給租屋者焦慮感受的同時，洛克菲勒也對這份工作充滿焦慮，有一天凌晨，睡得濛濛朧朧的洛克菲勒突然從床上坐起來大叫道：「我收不到托馬斯的賬！」這一叫還把房東伍登太太嚇了一大跳，可見，洛克菲勒是把工作揣入懷裡，抱它上床睡覺了。

焦慮的狀況很快就結束了，因為洛克菲勒很好地完成了這項任務，被洛克菲勒逼得沒辦法的租屋者們紛紛拿出了該付的租金。

在把錢交給老闆休伊特後，洛克菲勒還對老闆經營房產方面提了些建議。與其非要等到月末或者是租屋者拖欠行為已經讓人忍無可忍的時候收租，還不如提前收上來一部分房租呢。洛克菲勒說道，可以通過預交款的形式或者提前多付款可以多住一段時間房的優惠來促使大家先交一部分租金，這樣不僅能獲得很多流動資金，還能防止他們欠賬不還或者長期拖欠。

洛克菲勒的一番講話，讓休伊特再一次對這個年輕人刮目相看。

8・感謝第一份工作

　　洛克菲勒是一個善於自省的人，繁忙的工作使他不能像虔誠的教徒一般每日祈禱，但是他總會抽出一點時間進行必要的反省和檢討，還把這些反省內容記錄下來。

　　洛克菲勒所有的賬本和記事本不單單是為了記錄日常流水般的事物，更是成為他人生價值觀的表現載體，呈現出洛克菲勒的人生哲學以及他思想的廣度深度與強度。

　　直到以後，洛克菲勒對他的第一份工作還是那麼難以忘懷，他很感謝那份工作，感謝雇主休伊特，洛克菲勒非常願意將這段時光放在蜜糖罐裡，因為泡的時間越長，蜜糖越甜。就是這份像蜜糖一樣甜的工作，使洛克菲勒基本上擺脫了自卑的困擾，改善了生活狀況，在觀察老闆經營時洛克菲勒有了很多自己的主見，也正是與休伊特截然不同的想法，使洛克菲勒在商業道路上比休伊特走得更遠。

　　然而，剛愎自用是休伊特的硬傷，儘管洛克菲勒提出了很多關於公司發展方面的良好建議，但是休伊特卻還是一意孤行，聽不進去一點兒意見。最後，不想改革的休伊特開始走上下坡路，同行之間紛紛迎頭趕上，並且超越過了休伊特。

故步自封成為休伊特公司發展的絆腳石，親眼目睹休伊特公司破產的洛克菲勒也從這些事情中領悟到思想變通的重要性。因為從最開始，洛克菲勒和休伊特所抱有的思想就不一樣，所擁有的志向也不一樣。洛克菲勒在事件中懂得變通和思考，而休伊特卻喜歡閉門造車，不懂得利用周遭的資源，最後也只能以失敗而告終。

9・用頭腦賺錢，也要用頭腦工作

休伊特的事件之後，洛克菲勒得趕快再找一份工作賺錢養家。經朋友介紹，他去一家機械製造公司應聘。

第二天，洛克菲勒便早早地到達約定的面試地點。十點鐘剛過，排隊面試的人群開始緩緩向前移動了。沒過多長時間，便輪到洛克菲勒面試了。

面試官問道：「你想要一份什麼樣的工作？」

洛克菲勒說：「我現在急需要一份工作，只要你們公司待遇最低的那種就行。」

面試管聽後便說道：「那好吧，你可以留下來。」

洛克菲勒高興極了。因為那個時候正是洛克菲勒的低峰期，他需要找尋一個新起點，就算是最底層、工資最低的工作都可以。如今，他終於得到了一個難能可貴的機會。

第二天，洛克菲勒被安排到組裝線上工作。那個時候，公司正在製造一批機車手提燈，主要供應給陸軍。而洛克菲勒的工組，就是將一些帶著鉚釘的帶子纏繞在鐵環上。

雖然洛克菲勒的工資比較低，但是在洛克菲勒看來，他現在的工作是很有趣的，他非常滿意。要知道，人生都要經歷這樣或那樣的困

難，很明顯，這對自小勞動的洛克菲勒來說並不是一件壞事。

可是，開工的第一天，洛克菲勒在工作的時候手就不小心被錘子給砸了。那個時候，洛克菲勒擔心的並不是自己的傷勢，而是擔心這樣一來會不會影響工作。

於是，他向老闆申請，下班之後可以多留下來一會兒，希望能夠找到一個用受傷手指工作的方法。

就這樣，每天別人下班回家後，他一個人還在車間裡研究。終於，在他的悉心觀察、研究下，他用一些工具和材料製成了一個木頭節子。然後用節子將鉚釘固定住，這樣就能夠輕鬆地工作了。

第二天，洛克菲勒便使用自己製造的工具工作。結果證明，他的這項發明成功了。木節子能夠固定住鉚釘，這樣就能夠省出來一隻手工作，這樣一來，要比原來的工作效率提升很多。

自從使用了這個小節子，洛克菲勒也就有了很多的剩餘時間，他可以向老闆請求更多的工作。當時在他看來，這份工作是相當不錯的，既能夠給他提供日常的需要，又提升了他的工作效率，為他以後的發展打下了堅實的基礎。

10 · 靠儲蓄不能發財

對於洛克菲勒家族的人來說，將錢存放在銀行裡，是最愚蠢的儲蓄方式。在他們的觀念中，錢就應該流通在市場上，讓它來豐富自己的生活，發揮出其更大的價值，讓對金錢的利用變得更加有意義。

這一點的想法和猶太人十分一樣，猶太人認為錢放在銀行是死錢，對自己或社會都沒有貢獻。

在一次偶然的機會中，洛克菲勒認識了吉姆、露西這對夫婦。

吉姆是一名普通公司的職員，而露西則是一名小學老師。夫妻倆每月省吃儉用，將省下來的錢固定存在銀行裡面。夫妻兩人時常看著銀行的簿子那日益上升的數字不禁喜上眉梢，夫妻兩人有說不出來的滿足與自豪感。

吉姆說：「如果沒有這筆儲蓄，我們的生活根本就一點兒保障都沒有。」

洛克菲勒聽了之後便很不讚同地說：「每天為了這些儲蓄過日子，把人的尊嚴放到哪裡去了呢？男人每天拼死拼活地工作，女人則精打細算地想著要把錢存入銀行，人的一輩子如果這樣過，真是一點意思都沒有。」

吉姆聽後，問道：「難道你反對儲蓄嗎？」

洛克菲勒聞言，只是笑了笑。

然後，洛克菲勒解釋道：「我並不是說反對儲蓄，我所說的是不要把儲蓄當成你唯一的嗜好。剛開始的時候，你可以把錢存入銀行，等到有一定量的積蓄後，你就應該把它拿出來，放到更有價值的投資方面。要知道，運用好了這些錢，要遠比你儲蓄的利息賺的多得多。不僅如此，如果你的儲蓄達到一定數目，而你又無法充分利用的話，就很容易給你造成一種生活有保障的假象。這樣很容易讓你養成不思進取的壞習慣，長久下去，你肯定會被社會淘汰的！」

II・踏出社會第一步,就要瞭解你要什麼?

一直以來洛克菲勒就是一個善於明確目標、把握全局的人。這種習慣使他在順境中如魚得水,在逆境中減少損失。

後期,在休伊特公司苟延殘喘時,克利夫蘭的經濟也進入了不景氣時代。這樣一來,已經疲軟的休伊特公司根本撐不了多久了。這一切,都被洛克菲勒看在了眼裡。

低迷的經濟也使得洛克菲勒必須另闢蹊徑,要知道,一直躲在這悶熱的辦公室裡面,根本就無法實現他偉大的抱負。但是,這個時候離職也不是最好的打算,因為在經濟萎靡的時代,洛克菲勒要想在短時間內就找到工作,這幾乎是不可能的事情。

於是,從全局來考慮,洛克菲勒決定繼續留下來,即便休伊特公司幾乎已經到了無法支付員工薪水的地步。之所以這樣做,很明顯,洛克菲勒心中有自己的算盤和目標,那就是他要利用自己手中已有的資源,來為自己開闢一番新天地。

這一天也應該作為一個慶祝的日子,因為洛克菲勒做成了第一筆以個人名義談判的生意。當然,這個消息對休伊特來說不是什麼好消息,儘管這筆生意是那麼微不足道。

與洛克菲勒合作的是一位麵粉商，而且還是休伊特公司派遣洛克菲勒拜見的客戶。起初，休伊特以為洛克菲勒在為公司聯繫客戶，而麵粉商也以為洛克菲勒為公司跑業務，但是到後來，洛克菲勒非常明白地告訴麵粉商，這次交易完全以其個人身份進行的時候，麵粉商在休伊特公司和洛克菲勒個人之間做出了選擇。也許是洛克菲勒做記賬員的名聲比較好，這位麵粉商沒有對洛克菲勒的信用問題做出過多懷疑。最終，洛克菲勒也在忙碌的工作中順利地運作了這筆生意。

按照這個方法，洛克菲勒在休伊特公司完成賬目管理任務後，還成功完成了幾筆簡單的生意，而他的名聲也開始在附近傳開。無疑，這些都為他將來成為一流的商人打下了堅實的基礎。

12・因為熱愛工作，才會產生幸福感

在休伊特公司上班時，洛克菲勒如是說：「這個工作也許會讓許多像我這樣的小職員感到乏味，但是對我卻絲毫沒有影響，相反，我從小便被稱讚而自己也引以為豪的學習能力，在這個時候起到了至關重要的作用。」

正是因為這份熱情，洛克菲勒認真地做著記賬員的工作。

他必須每天早早地爬起來去上班，整日埋頭於那些散發著霉味的賬本之間，辦公桌上的鯨油燈還會使眼睛乾澀。除了這些工作本身帶來的勞苦，洛克菲勒還要經常忍受同事投來的嘲笑。因為過於精細和負責，洛克菲勒會把賬目的來龍去脈理清楚，數字倒騰明白，這樣一來，一些從中漁利的行為就被他發現了，在給出一定的警示和揭露後，同事們對洛克菲勒這種過分的仔細很反感，認為他是小題大做，對工作上一些細節的把握太婆婆媽媽了。

對於這些，洛克菲勒總是跟大家開開玩笑便過去了，同事們繼續每天渾渾噩噩地混日子，洛克菲勒則出於對工作的尊重和熱愛，在整理賬目的同時還留心公司的經營狀況。比如公司如何在穀物價格較低的時候大量購入，又如何有效率地將穀物盡數售出，這些都是讓洛克菲勒長見識的經營手段和智慧。而老闆的疏漏也成為洛克菲勒關注的

重點，比如對賬目細節的忽視，這使洛克菲勒認為老闆在不尊重自己工作的同時，其馬虎大意的行為也可能導致公司發展中的失誤。對此，洛克菲勒深刻銘記，心想，若自己創業開辦公司，一定不容有馬虎大意的行為和思想。

認真工作的結果是：洛克菲勒得到了滿意的薪水，還得到了老闆的高度讚揚和大家的認可。而且，老闆當眾宣布給洛克菲勒這個記賬員漲工資，每年三百美元。

此時，錢對洛克菲勒而言，已不再是購買力的象徵了，而是對他工作成果的肯定——因為熱愛工作，才會產生幸福感。

13 · 命運不是生下來就注定的

　　洛克菲勒 7 歲的時候，發現了一個火雞窩。他趁著母雞離開的時候，將小火雞抱回了家，精心飼養。到了感恩節的時候，他把養得又肥又大的火雞抱到市場上叫賣，得到了他人生中的第一桶金。

　　後來，他將賺到的這些錢借給了一個農夫，並收取 7% 的利息。這樣一來，洛克菲勒在不用付出任何勞動的前提下，又淨賺了一些錢，這就是他從小腦袋就十分靈光，注定不會讓他的錢，變成一個毫無作為的傢伙。

　　經過這些事，洛克菲勒很小就有了創業的念頭。經過不斷的努力，到了一八五八年，洛克菲勒終於成立了自己的第一家公司，當年便淨賺了四千美元，這時他才 19 歲。第二年，他和合夥人克拉克得到了六千美元的收入。

　　在首次的小公司經營的過程中，洛克菲勒始終堅持道德原則和法律原則。所以，在客戶心中，大家都認為洛克菲勒是一個雄心勃勃、信心十足、言而有信、待人誠懇的有為青年。也正是因為這些品質讓洛克菲勒擁有了很大的客戶群和眾多合作夥伴。

　　就這樣，洛克菲勒憑藉著自己的毅力和幹勁，一步步地走下來，

走到了後來令人矚目的位置。雖然這中間經歷了諸多困頓與坎坷，但他都咬牙堅忍、奮戰不懈地走了過來。

　　後來，有人問洛克菲勒是如何從一個窮小子變成億萬富翁的，他則答道：「出身決定了我最初的貧窮，但那不是我一生的命運，我一生的命運，就是要成為一個大富豪。」

14・事前要做好規劃

　　洛克菲勒剛創業時是和莫里斯・克拉克各出資二千美元合夥開了一家公司。公司剛成立沒多久，生意就火爆起來，這使得他和克拉克也越發忙碌。不過，洛克菲勒的忙碌除了訂單多外，還有一個主要原因，那就是他喜歡將所有的事情都提前做。

　　洛克菲勒他們的工作方式是以周期為計劃的，而其他的公司則喜歡在年末做計劃，然後在年初實行。這樣一來，洛克菲勒他們也就多了很多的準備時間，做起事情來也顯得比較從容不迫。其中有些業務還是洛克菲勒趁著生意清淡時期，前往俄亥俄州爭取過來的。

　　事情提前完成，多出來的一些時間，洛克菲勒喜歡去四處看看，看看能不能再挖掘一些新客戶，聽聽最新動態和發展。這樣一來，他多多少少都會有一些收獲。

　　不過，洛克菲勒的合作夥伴克拉克似乎並不贊同洛克菲勒的做法，他認為，洛克菲勒的神經太緊張了。聖誕節歲末的時候，洛克菲勒已經談了很多明年初的生意了，而克拉克卻似乎還沒有從節日的喜悅中清醒過來。

　　所以，大部分情況下，洛克菲勒通常會將所有的工作都準備就緒後，才會告知克拉克的下一步計劃。

15·反敗為勝

　　在第一個合夥公司時，成功似乎來得太快、太容易了。因為廣告宣傳起了一定的作用，加上經由五大湖區的肉類和穀物的運輸量激增，洛克菲勒和克拉克忙得不亦樂乎。四月末，公司的訂單數量猛增，以至於洛克菲勒都無暇計算通過這些訂貨單能獲得多少利潤。雖然洛克菲勒一向以謹慎來要求自己，防止一些不必要的災難，但是在大自然面前，人力顯得還是那麼的微小。

　　那年在進入 9 月份時，一場突如其來的大規模霜凍給了洛克菲勒沉重一擊。這場霜凍使美國中西部的農業區遭受到嚴重損害。要知道，往年的這個時候大家都在太陽下不停地用手帕擦汗呢！而這場毀滅性的霜凍直接牽扯到洛克菲勒公司的一筆生意。

　　原來，7 月份的時候，克拉克執意要簽一單生意，9 月末要把豆子交給中部的一個穀物商。剛開始洛克菲勒表示了反對的意見，因為中間間隔的時間太長，但是後來感覺風險也不是很大，而且克拉克已經和客戶簽訂了合約，洛克菲勒也就作罷了。

　　看來上帝不會輕易把成功的果實給他們。在聽到霜凍的消息時，洛克菲勒恨不得把合約撕了，但他很快冷靜下來，迅速地運轉大腦，計算如何不能交貨將賠付的金額，並讓克拉克先去跟客戶進行解釋遊

說。接下來，他們開始對運過來的豆子進行篩選，將其中的沙土和壞豆子去掉。就這樣，他們挑了好幾天，挽救了將近三分之二的豆子，這樣一來，他們所賠付的金額也要比預期的少很多。

這筆生意雖然讓洛克菲勒公司賠付了將近 600 美元，但是卻也因禍得福。因為及時交了貨物，又及時賠付了損失，讓洛克菲勒公司的信譽大增，由此也吸引了很多的客戶，讓洛克菲勒的公司及時從失敗的局面中扭轉回來。

這便是樂觀與悲觀看事物不同的角度，樂觀者在困境中尋找機遇，而悲觀者就算被泡在機會中，看到的也是無盡的苦難。樂觀者覺得滿世界是鮮花和陽光，悲觀者縱然眼前一片光明，臉上也無法露出笑容。在這裡，我們還是要不厭其煩地勸慰那些悲觀者們，只要活著就要用樂觀的心態對待生活，並且可以從苦難中發現機會的。

I6·先下手為強

早期，洛克菲勒和克拉克合作成立了一家以經營農產品為主的公司。克拉克是一個有錢人沒什麼大志、同時喜歡留連在酒場串門子，而洛克菲勒則是一個嚴謹慎行的人。克拉克的這些習慣，也就成了洛克菲勒和克拉克日後分道揚鑣的主要原因之一。

而就在這時，一個很重要的人物闖進了洛克菲勒的圈子。這個人就是安德魯斯，也是克拉克的朋友和老鄉。

安德魯斯是照明油方面的專家，因為被煤油的特性所吸引，他在研究照明油的同時，也堅定地認為煤油將比其他來源的光更亮，市場也更大。但是，安德魯斯家境拮据，雖然對煤油市場的前景很有希望，卻拿不出足夠的資金投入其中，於是他便將自己的這些想法全部告訴了洛克菲勒和克拉克，希望他們能夠完成自己的宏願。

不過，洛克菲勒似乎對煤油投資沒什麼興趣，並且總是打斷安德魯斯的陳述，相反，克拉克則對這個市場饒有興致，聽了安德魯斯的想法後，便立即決定給他四千美元的資助。

在和安德魯斯合作的這段時間裡，洛克菲勒成功地將安德魯斯爭取到自己這邊。那個時候，洛克菲勒和克拉克之間的矛盾越來越深，兩個人的經營思路也是天差地別。洛克菲勒拉攏安德魯斯，也正是想

要擺脫克拉克，想要解除與克拉克之間的合作關係。

　　一天，洛克菲勒把幾位合夥人聚集在一起，提出融資加快煉油廠發展的計劃。洛克菲勒剛說完，克拉克便站出來提反對意見，並且威脅道：如果洛克菲勒不聽自己的勸阻，那麼大家就一拍兩散。

　　這正是洛克菲勒所期待的結果。所以，令克拉克措手不及的是，這一次的威脅並沒有讓洛克菲勒妥協，相反洛克菲勒卻答應了他「分手」的要求，並且還讓在場的所有人作證。最後，所有人一致認為，將公司進行拍賣，出價最高的買主將是這家公司的新主人。

　　而這場戰爭的勝利者就是洛克菲勒。

　　克拉克之所以敢應下這場戰爭，主要是因為他覺得洛克菲勒不可能一下子拿出那麼多資金。只是，令他沒想到的是，在這之前，洛克菲勒就已經和支持他的幾家銀行疏通好了關係，有了銀行的支持，洛克菲勒自然也就胸有成竹，沒有什麼可怕的了。

　　所以，洛克菲勒才會有勇氣應對克拉克的威脅。拍賣那天，洛克菲勒以 7.25 萬元買下了該公司。至此，洛克菲勒擁有了當時克利夫蘭最大的煉油廠了。

17・忍辱負重

侮辱好像總是存在的，哪怕洛克菲勒已經有了一定的經濟基礎，而隨便侮辱他人的人們也總是缺乏該有的良好素質。

克拉克是洛克菲勒的合夥人，當年也是一個驕傲自大、目中無人的傢伙。克拉克比洛克菲勒年長將近十歲，可是他卻沒有前輩該有的涵養和大度。前面提過，克拉克熱衷於玩樂，而洛克菲勒則是一個一心沉浸於工作的人，不喜歡享樂，對克拉克的放蕩行為也比較反感。這讓兩個人之間的矛盾越拉越大。

洛克菲勒和克拉克合作一段時間後，克拉克的行為越發惹洛克菲勒惱怒。而在克拉克看來，洛克菲勒只不過是一個會管賬本的小伙計，根本沒有什麼過人的能力。有些時候，克拉克還會對洛克菲勒挖苦幾句：「這個公司，如果缺少了我，你根本做不成任何事情。」

對於克拉克的這些侮辱，洛克菲勒看在眼裡、忍在心裡。他知道，發火是對侮辱最愚蠢的反擊，要想徹底清除克拉克，清除這個自負的傢伙，最好的辦法就是盡量讓自己茁壯、強大起來！這樣的話，你就可以甩開麻煩的製造者，讓自己邁開大步——前進。

18 · 自我激勵

　　洛克菲勒是人類歷史上的第一位億萬富翁，他也是全世界第一個最有錢的人，他不但是一個傑出的商業奇才，也打造了美國最偉大的財團——洛克菲勒家族企業。

　　不過，在他小時卻發生了這樣一個讓人心酸的事，洛克菲勒去世之後，人們在他的枕頭下面發現了一張泛黃的小學畢業照，這是洛克菲勒最珍愛的一張照片。但是，這張畢業照裡並沒有他的身影。

　　眾所周知，洛克菲勒自幼家境貧寒，因此照相的機會很少，在小洛克菲勒的眼中，照相是一件非常神聖的事情，所以在臨照畢業照的前一天晚上，他對著鏡子反復練習著各種各樣的笑，希望鏡頭能夠留住自己最美的笑容。第二天早上，洛克菲勒很早便來到學校，等待著那一刻的到來。可是令他無比尷尬的是，因為他穿著過於寒酸，攝影師竟然拒絕為他照相。

　　在那一瞬間洛克菲勒感覺臉在發熱，但他沒有動怒，也沒有自哀自憐，更沒有抱怨父母不能讓他穿得體面些。但這種刻意的冷漠與孤立給年少的洛克菲勒帶來了深深的心靈創傷和陰影，因為時間無法倒流，洛克菲勒始終無法彌補童年的遺憾，再照一張小學畢業照。

　　遺憾總是不能避免，但是這種故意的傷害甚至是侮辱使洛克菲勒更加堅定決心，擺脫窮苦的困擾，獲得正常人該有的尊嚴。當時，看著調動拍攝場面的攝影師，洛克菲勒就攥緊了雙拳，向自己鄭重發誓：總有一天，你會成為世界上最富有的人！讓攝影師給你照相算得了什麼！讓世界上最著名的畫家給你畫像才是你的驕傲！所以，畢業照發下來的時候，他也買了一張，因為他想要讓自己永遠記住這一次的羞辱與教訓──以此激勵自己、不捨晝夜……

19 · 取人之長處，攻下城堡

　　洛克菲勒在休伊特・塔特爾第一家公司工作的時候，他有一個同事名叫愛德華。愛德華這個人有點奸詐、狡猾，喜歡在背後給人胡亂批評一通，在公司很不得人緣。公司裡面的人幾乎都遭到過他的詆毀。不過，因為愛德華在工作方面倒還是有一些能力，所以公司也就睜一隻眼閉一隻眼，並沒有將他開除。

　　在這些人中，有一個人倒還算幸運，好像深得愛德華的喜歡。這個人就是洛克菲勒。這並不是因為洛克菲勒和愛德華同流合污，而是洛克菲勒有一套對付小人的好辦法。

　　有一回，公司派遣洛克菲勒出差，前去洽談一個對公司來說很重要的項目，這個項目一旦落實，洛克菲勒可謂是第一號大功臣。

　　洛克菲勒在出發前，公司又對他說：「你可以在公司裡面挑選一個人，和你一起前往。」

　　聽到此後，洛克菲勒想都沒想，便張嘴說道：「其他的倒也沒什麼，我只希望能夠和愛德華一起去。」

　　對於洛克菲勒的決定，公司很是不解。洛克菲勒於是解釋道：「這一次的合作對於我們公司來說非常重要，而我則需要公司後部的支持和信息。如果將這件事情做好了，那麼這個項目基本上也就沒什

麼問題的。愛德華原本就參與了項目的一些前期工作，如果讓他中途退出，他難保不會暗中作梗。與其這樣，倒不如把他帶在我身邊，讓他有點兒工作，給他一點兒利益，或許就能夠避免這些問題的出現。再說，愛德華雖然人品不好，但是工作能力還是很強的，完全能夠勝任這項工作。」

　　上司聽了洛克菲勒的解釋，心裡也明了了很多。他知道，洛克菲勒這是提前給愛德華一點兒甜頭，以避免以後的麻煩。

　　很多人在生活中也會遇到洛克菲勒所遭遇的這些問題，而這個時候，我們與其鬧得不可開交，倒不如學一下洛克菲勒的處理辦法。為達成任務，認人之長處，與對方合作攻下城堡。

20・人生就是不斷地做出選擇

　　洛克菲勒在休伊特・塔特爾公司上了幾個月的班後，也學到了很多為人處世的方法。雖然當時的洛克菲勒並不明白，這些所謂的方法會對自己的人生產生什麼樣的影響，但是那個時候的洛克菲勒已經開始思考人生事業了。

　　他想要創業，但是現實情況是，他沒有錢，資產幾乎為零，這樣的條件讓他創業的希望很是渺茫。不過，洛克菲勒並不是認命的人，在這樣的前提下，他開始了各種嘗試：從不需要太多資金的小生意做起。但是市場上的小企業多如牛毛，而且動不動就會被大企業吞併。如果向銀行貸款，可是貸款需要擔保人，唯一可以幫助洛克菲勒的關鍵人物——父親，還是一個很難說話的怪老頭；如果僅僅是憑藉個人的信譽，洛克菲勒認為自己的工作和職位可以獲得銀行的信任，但是拿自己當自己的擔保人就說不過去了。

　　這時，老闆休伊特和塔特爾給洛克菲勒帶來了靈感，也許我可以試試與人合夥的方式。因為他知道自己的老闆塔特爾就是利用休伊特的資金經營的，而休伊特則借助了塔特爾在交通界和政府的人脈資源。這給洛克菲勒帶來了很多啟示。他相信，也許自己做得不是最好的，但是我卻懂得怎麼抓住機會賺大錢。

此後，洛克菲勒與夥伴合夥做生意的方式成了基本形式。第一家個人公司克拉克·洛克菲勒便是與克拉克合夥經營的公司，後來因為資金緊張，新加入的夥伴加德納取代了洛克菲勒的位置，公司名稱變更為克拉克·加德納，但這並沒有對洛克菲勒產生什麼不好的干擾情緒。因為在洛克菲勒的心裡，公司冠上誰的名字不重要，重要的是公司的發展前景。再到後來，因為與克拉克和加德納的經營理念不一致，洛克菲勒只能選擇離開，這一次他選擇與安德魯斯開展了合作。

　　一八六五年 2 月 15 日，《克利夫蘭先驅報》上面刊登了這樣的內容：「合夥啟事——本啟事簽署人以買下安德魯斯·克拉克公司在伊克塞爾西亞煉油廠的全部股份及該場所有的油桶、原油和其他存貨，並以洛克菲勒·安德魯斯公司的名義繼續經營。」

第二章

人格的魅力

洛克菲勒の思維

成功的人只是一個相信自己、肯定自己的凡夫俗子。

即使輸了，唯一該去做的就是光明磊落的輸。

我們的思想大小，決定我們的成就大小。

正確的態度將我們引向致富之路，錯誤的態度卻可能導致人財兩空。

我們必須成為一個策略性的思考者，而不僅是手段的設計者。

上帝為我們創造雙腳，是要我們靠自己的雙腳來走路。

只要認為自己行，你就會變得越來越高明、越來越成功。

無路可逃，只能朝眼前唯一的道路前進，有人稱它是「勇氣」。

Ｉ・戰勝自己最好的方法是超越自己

　　一個人要超越自己，必須擁有很大的決心和韌性，要想塑造一個全新的旅程，就不要自我設限，必須打破內心的這種「心理高度」！

　　對於洛克菲勒來說，成為一個成功的商人不僅是他的目標，還是對他能力的一種挑戰。要想承擔起這項責任，實現自己的理想，洛克菲勒明白，只有使自己各方面的能力達標，才能獲得最大的成績。他已經做好了戰勝自己弱點的準備，他有計劃地在這幾個方面做了加強工作。

　　擁有看透事物本質的眼光是最基本的能力，不管是與人交往還是尋找商機，能夠準確把握其特點，洞察其發展趨勢，對於投資經商極有好處。

　　父親大比爾已經在生活中給洛克菲勒帶來了潛移默化的啟蒙影響，對金錢的渴望和重視、對經營的認識、以做生意時的小手段，這些都被洛克菲勒看在眼裡、記在心裡，還進行了簡單的初體驗。在休伊特公司上班時，洛克菲勒的以接觸正式的商業項目，並深入了解到某些行業的發展動態。

　　自己親自去考察體驗也是幫助形成敏銳眼光的好方法。當石油開

採和提煉業以異軍突起的姿態進入人們視野的時候，洛克菲勒急忙抽出時間去油田進行實地考察，他查看油質、開採商數量、周圍交通狀況，通過詳細的勘察，他終於得出了正確的投資結論。

有人說「細節決定一切」。關注細節不僅能夠幫助我們發現商機，還能使我們減少損失。對細節比較小心翼翼的人，其性格中往往也是屬於比較有耐性的一面。不得不說洛克菲勒天生就有著細緻的心思，能堅持每日認真審查賬簿，發現其中細枝末節的錯誤，這使洛克菲勒表現出比同事極強的細心。

保持穩定的情緒，使做出的判斷不受感情左右也是成就一番事業所必需的素養。掙錢了就開心得合不攏嘴，虧錢了就沮喪得灰頭土臉，這一點是很忌諱的。

年少時期的洛克菲勒也時常會為自己取得的一些小成績而感到興奮，有時候他會高興地想要跳著走路，只是害怕摔倒或者被熟人認出，他才會控制著自己的行為。為了使自己能夠更穩重成熟些，洛克菲勒通過定期反省和寫日記來時刻提醒自己。

培養堅強的意志也是洛克菲勒改造自己的重要內容。要知道，沒

有一件事情是不費吹灰之力就能很好完成的。精神的力量是萬能的，這種意志力尤其能在遇到困難的時候幫助我們渡過痛苦的時期，使我們充滿不滅的激情。

　　洛克菲勒對於創業一直是保持著高度的熱情和動力的，也正是極度渴望財富和成功，他的忍耐力亦是非比尋常，在多次面對對手競爭的時候，他絲毫不泄氣，哪怕是輸也要光榮一戰。

　　規避自身缺點就是發揮個人優勢，與其說是效仿他人取得的成功，倒不如說是自己與自身缺點鬥爭後取得的勝利。也許這些因素還遠遠不能使一個人成為風雲人物，但是成功不是一個明確的概念，每個人都有對它的解釋，其實只要超越昨天的自己，就是一種成功。

2・人生如棋，洞悉先機

「人生如棋，落子無悔。」有人說，經商就如同下棋，每一步都是步步為營，相互牽連，要想使對手跟著自己的步調走，那就要有目的、有意識地多想一步甚至幾步的招數，做到有先見之明。

其實，人生何曾不是都如此？一步走對了，贏家全拿，一步走錯了，也可能全盤皆輸，問題是：「你要如何洞悉這盤棋？你是否有先見之明！」

洛克菲勒用打高爾夫時的場景為兒子小約翰做了說明：試著想想看，一場高爾夫球比賽，不可能一杆完成。你需要一洞一洞打過去，你每打出一杆的目的就是使球盡量靠近球洞，越近越好，直到把球送進去。的確如此，只有我們有目的地計劃好揮杆的方向和力度，球才能隨著我們的設想一點點向目標靠近。

以中、美、英、蘇為首的第二次世界大戰戰勝國決議建立一個普遍性的、全球性的國際組織——聯合國。但聯合國從醞釀到正式誕生卻經歷了一段艱辛而漫長的過程。

一九四五年 10 月聯合國正式在美國舊金山成立。一九四六年聯合國各大常任理事國在倫敦召開聯合國首屆大會，決定將聯合國總部

設在紐約。會議上大家討論得熱烈非凡，可是當大家將一切都準備就緒時才發現，這個最具權威性的國際組織的「落腳之地」竟然還沒有著落呢！

　　要想買一塊地皮則需要巨額的資金，而聯合國不過是個剛剛成立的機構，哪裡有資金購買地皮呢？大家又商議讓各國籌資，但是，剛剛掛起牌子就伸手向世界各國要錢，未免有些影響不好。更何況剛剛經歷了世界大戰洗禮的各國政府也都是國庫虧空，許多國家的財政赤字居高不下。因此想在寸土寸金的紐約買下一塊地皮做落腳地就成了擺在聯合國面前最大的障礙。

　　正在大家一籌莫展的時候，洛克菲勒家族雪中送炭，他花 870 萬美元在紐約購置了一塊地皮無償奉獻給聯合國做總部基地。但不為人知的是，洛克菲勒家族也同時將毗連這塊地皮的其他大面積的土地都買了下來。

　　當時，諸多美國大財團聽說洛克菲勒家族的出乎意料之舉都感到驚訝不已。要知道，對於「二戰」後經濟持續萎靡的美國甚至是世界來說，870 萬美元絕非一筆小數目啊。但洛克菲勒家族卻將其無償奉獻給聯合國，在他們看來這件事就是愚蠢之舉，這些美國財團甚至嘲

笑道：「洛克菲勒家族的這一舉動真是愚蠢至極，」並揚言道，「這下，用不了十年，大名鼎鼎的洛克菲勒財團一定會淪為臭名昭著的洛克菲勒貧民集團。」

　　然而，不知是上帝對洛克菲勒家族的偏愛，還是洛克菲勒有太過超前的投資意識。總之，出乎那些嘲笑者意料的是，聯合國大樓剛剛竣工，其周圍的地皮價格立即飆升，洛克菲勒家族這一次的投資，竟相當於找到了財富的根源，等同於洛克菲勒家族捐贈資金數十倍甚至是更多的巨額財富正如同無盡的石油一般源源不斷地湧進洛克菲勒財團。這種意料之外的結果，使得那些曾經譏諷和嘲笑過洛克菲勒家族捐錢舉動的商家們看得目瞪口呆。

3·好奇心創造機會

居禮夫人說：「好奇心是學者的第一美德。」

愛因斯坦說：「我沒有特別的才能，只有強烈的好奇心，永遠保持著好奇心的人，也是永遠保持進步的人！」

洛克菲勒有一次和朋友到一家酒吧去聊天。這一天，聽到了隔著很遠看到幾個日本人在吧台不停地和服務生說話，好奇的洛克菲勒走了過去。

在一旁的洛克菲勒了解到，原來這幾個日本人是商貿大船上的船員，他們從日本運來了一噸多的絲綢，本想帶到本地出售的。可不幸的是，船只在途中遇到了風暴，結果這些絲綢都被浸染了，變成了一文不值的廢品。看來對外出售是無人問津了，將其在港口丟掉，又怕被環保局逮到，受到處罰，無奈的日本人只能打算在回國的時候將這些絲綢拋到大海中。

聽到這，一旁的洛克菲勒心裡突然靈機一動，他知道這是一個很好的機遇，因為他心裡已經有了處理這些絲綢的打算。

於是，他熱情地來到幾個日本人面前，說道：「先生們，我想，我也許能夠幫你們把那些沒用的絲綢布料處理掉。」

幾個日本人先是一怔，接著馬上變得興奮起來！於是，滿口答應了洛克菲勒的要求。

　　第二天一大早，洛克菲勒就把馬車趕到碼頭上，和船員們一起將成噸的絲綢布料往馬車上搬，就這樣洛克菲勒完全沒用付出一點代價就獲得了大量絲綢。接著，洛克菲勒將這些絲綢做成了彩繪領帶、彩繪帽子，做一些衣服的配飾。就這樣，這批本來一文不值的絲綢為他帶來了十萬美元的收入，這筆資金也為他成為一名有資本的商人奠定了基礎。

4·賣空氣的商機

　　現今說要「賣空氣」並不是一個笑話，可是在一百年前說要「賣空氣」的話，人家不把你當做傻子、就是瘋子，偏偏洛克菲勒就是這個傻子、也是這個瘋子！

　　亨利是一個貨物運輸的船長。在一次出海的過程中，船隻不幸在棕櫚島附近擱淺，船上的大批貨物都被海水打濕，完全報廢了。無奈之下，亨利只能先在島上尋個地方休息。而在休息的過程中，亨利驚喜地發現，棕櫚島上面的空氣含氧量比美國其他地方的空氣含氧量高出很多。

　　亨利的腦海中產生一個大膽的想法：如果把島上的空氣賣給一個富翁，這是不是就意味著自己可以東山再起了。於是，他想用很少量的資金買下了這個棕櫚島。隨後，他便找到了石油大王洛克菲勒，說是要把島上的空氣出售給他。

　　起初，洛克菲勒以為自己聽到了一個天大的笑話：「空氣也能夠當商品出售？」

　　後來，亨利告訴洛克菲勒，島上的含氧量要遠超於其他地方，再加上美國一些大城市的空氣污染特別嚴重，以後在這個島上開發房地

產，一些對空氣質量要求高的富裕人家肯定會來買的，這樣一來，島上的空氣不就值錢了嗎？

在其他人看來，亨利的一些說詞顯得有些牽強，可是在洛克菲勒眼中，卻成了一次難得的商機。於是，趁著亨利還沒有和其他買主商討，洛克菲勒以每平方米 500 美元的價格買下了這個島嶼，亨利也從中大賺了一筆。

其後，洛克菲勒又轉手將這塊島嶼賣給了房地產開發商，他從中獲得的利益更是比買價高出了好幾倍。

5・真正的朋友只有兩個字：信任

　　亨利是洛克菲勒最看重的合作夥伴，也是他一生中最重要的朋友。洛克菲勒曾說：他和亨利的相處很愉快，兩個人都非常坦誠，也都真誠相待。所以，他對亨利的一切都非常的信任，不管他做了什麼，洛克菲勒都不會懷疑。

　　有一次，洛克菲勒要和另一個人簽訂一份買賣土地的合約，而這個人又恰巧是亨利的同學，於是，洛克菲勒便將這件事情交給亨利辦理。亨利看了一遍合約，二話沒說便答應了合約上面的要求。

　　當時，洛克菲勒也在現場。他在看合約的時候，看到了一處很明顯的問題，可是亨利卻好像沒有發現異樣，沒有給出任何異議。這時，洛克菲勒的助理便對他說：「亨利和他是同學，心眼肯定是偏於對方的。」

　　洛克菲勒聽了之後並沒有說話，因為他知道，亨利那麼做肯定有他自己的理由，絕對不是助理所說的那樣。

　　果不其然，雙方將各項事宜全部商談妥當，要正式簽署合約的時候，亨利突然笑嘻嘻地對自己的老同學說：「這個合約裡面還有一個界限未定的問題，為了避免以後會有麻煩，我們現在還是再重新確認一下吧。」

對方原本以為自己會鑽個空子，沒想到還沒來得及下手，就被眼尖的亨利給抓出來了。再加上當時兩方合作的事宜已經到了最後關頭，不容再生任何變故，亨利的老同學也只能更改了那個模糊不清的問題。

　　後來，洛克菲勒又問道：「亨利，既然你早就發現了問題，為什麼不在一開始就提出來呢？」

　　亨利回答道：「我一早就看到了這個危險，不過如果我開始就說出來，那個時候我們沒有談判的籌碼，就算修改我們也得不到多大的利益。現在不同了，什麼都已經商妥，如果再做更改，對方肯定會損失慘重的，而我們在這個時候才把這個問題點出來，我們將會因此獲得最大的利益。」

6 · 要當一名釣客，還是當個漁夫

漢密爾頓醫生是洛克菲勒的朋友，在他們聚會的時候，漢密爾頓醫生總能夠用他頭腦中稀奇古怪的想法將洛克菲勒等人給逗樂。

這天，漢密爾頓醫生笑著對洛克菲勒說：「洛克菲勒先生，如果讓你在漁夫和垂釣者之間選擇，你想要做哪一種呢？」

洛克菲勒神秘地說道：「如果當時我選擇的是垂釣者，恐怕今天我就不能和你一起打高爾夫了。」

漢密爾頓醫生疑惑地問道：「為什麼？」

洛克菲勒答道：「因為我現在所有的收益，都源於行動有效的行為策略，而我要選擇垂釣者的話，顯然對我的事業並沒有任何的幫助，它根本無法成為我成功的助力。」

根據這個故事，洛克菲勒還告訴兒子小約翰說：

「我的意思並不是說垂釣者事先不會進行思考和計劃，正相反，每一個垂釣者在釣魚之前都會有一番思考和計劃，比如要在什麼地方釣魚、要釣到幾條、要如何拋魚線等，然後思考完這些，他們就會在原地等到大魚上鉤。對於過程來說，這些垂釣者們都沒有任何的過錯，可是至於結果是怎樣的，就沒有人知道了。

「等上一段時間後，這些垂釣者可能會有所收穫，可他們也有可能兩手空空，一條都沒有釣到。而這其中就因為他們太執著於自己的釣魚方式，雖然他們對自己的目標很是清楚，但是成功的概率卻被他們大大壓低了。那條魚線所涉及的範圍有限，所到達的地方更是有限。可是，如果我選擇像漁夫般四處撒網的話，結果又肯定不一樣了，豐富的魚群為漁夫提供了更多的機會，漁夫也因此大獲其利。」

7・雖然只是五分錢

賺錢並不光是為了滿足自己的日常生活，為了照顧家人的生活，更為重要的是要理解金錢的含義和價值。洛克菲勒曾經說過：「每一分錢都有其自身的價值，只有把這每一分錢都積累起來，才能創造出更大的價值。而那些只懂得浪費金錢的人，便沒有看清楚這些金錢的價值，因此他們也就無法創造金錢，更不會利用金錢。」

另外，洛克菲勒還認為金錢有著明確的歸屬，誰的就是誰的，任何從持有人之間發生轉移的金錢都要伴隨著產生利息或代價。這種利息或代價是使社會關係穩定的重要原因。

有一天，出門在外的洛克菲勒突然想給朋友打一個電話，但是摸摸衣兜卻發現自己沒有帶錢。隨行的秘書見狀，便從自己的口袋中拿出一枚 5 分錢硬幣，遞給洛克菲勒，說：「洛克菲勒先生，請用這個打電話吧。」

洛克菲勒轉過身接過秘書遞來的 5 美分，說了聲謝謝就撥通了朋友的電話。

沒過幾天，洛克菲勒就將那 5 分錢還給了秘書。洛克菲勒的這一舉動讓秘書很是吃驚，他驚訝地說道：「洛克菲勒先生，這並沒有多少錢，您大可不必放在心上的。」

洛克菲勒聽後，十分堅定地說：「你把這 5 分錢拿著，要知道如果把一美元存在銀行裡面，要足足等夠一年的時間才能夠拿到 5 美分的利息呢。這 5 美分可不能小瞧啊！」

　　洛克菲勒的話讓秘書很有感觸，拗不過洛克菲勒的秘書也只能收下了這 5 分錢的硬幣。

　　付出和回報，在洛克菲勒看來也可以用資金的收益來表示，所以金錢不只是厚厚的一沓紙或是一堆硬幣，它還是對人們意志力和創造力的獎勵。

　　開源節流是積累金錢很好的方式。開源意味著我們要想辦法開闢更多的賺錢道路，節流就是要仔細使用每一分鐘，使它們花得有價值，減少不必要的浪費。

　　俗話說，成由勤儉敗由奢，洛克菲勒沒有悶頭只顧賺錢，他將自己對金錢價值的理解很好地教給孩子們。事實證明這些教育也很有成效，約翰和姐姐們養成的節儉勤勞的好習慣，對個人及公司的發展都有著長遠的良好影響。

8・賺取小費一美元

有一次，極度勞累的洛克菲勒終於結束了風塵僕僕的旅行，踏上了回程的列車。在火車開始檢票之前，他讓自己的身體盡情地舒展在候車室的座椅上，以緩解外出時的疲倦。

正當火車開始檢票的時候，一個胖太太從外面的候車室中急匆匆地跑過來，顯然她也是要趕這趟火車的。不過因為手中拎著很重的箱子，胖太太的速度明顯不能快起來。累得氣喘吁吁的胖太太對著眼前不遠的瘦小老頭喊道：「喂，前面的老頭兒，你能幫我提一下箱子嗎？我待會兒可以付給你小費。」

那個老頭想都沒想，逕直走過去，幫胖太太拎起了箱子，兩個人一起快步向檢票口走過去。

因為瘦小老頭的幫助，胖太太沒有誤了火車。檢票上車之後，胖太太一邊擦汗，一邊從兜裡拿出一美元，遞給瘦小老頭，說道：「謝謝您先生，這是應該付給您的小費。」瘦小老頭沒有說什麼，笑了笑就將這一美元錢接過來裝進了自己的口袋裡。

和胖太太的「交易」剛結束，火車上的列車長就走了過來，他半俯著身子，對瘦小老頭說：「您好，洛克菲勒先生，歡迎你乘坐本次列車，請問有什麼需要為您服務的嗎？」

　　這個瘦小老頭抬起頭，微笑著說道：「謝謝，不用了，這列車上溫馨舒適的環境，已經可以使我放鬆疲憊的身體，並使我做出安靜的思考了。」

　　而坐在旁邊的胖太太顯然被這段對話嚇到了。「什麼？洛克菲勒？」胖太太驚叫道，「天啊，我竟然在火車上遇到了著名的洛克菲勒先生，而且，我還讓他幫我提箱子！最糟糕的是，我居然還給了他一美元的小費，快醒醒，我這是在幹什麼啊？」

　　胖太太拍拍自己的腦袋，結束了自言自語，趕緊向洛克菲勒道歉，「非常抱歉洛克菲勒先生，是我有眼無珠，沒有認出您，您能把那一美元的小費退給我嗎？不然這傳出去，我可會讓大家笑掉大門牙的。」

　　洛克菲勒哈哈地笑起來：「這位太太，你沒做錯事情也不用道歉。另外，這一美元可是我的血汗錢，是我用自己的能力掙的，我本應該收下。」說完，洛克菲勒輕輕地拍了拍裝有一美元的口袋。

9・競爭，以上帝之名

　　洛克菲勒他把殘酷的競爭看成是上帝的意思，他把自己的創業歷程看成是基督教的傳奇。在他的眼中，是他將那些罪孽深重的煉油商拯救出來的。「競爭，以上帝的名義」是他一貫的策略和原則。

　　洛克菲勒是一名虔誠的基督徒，而他在闡述他的石油公司時也總是會利用他所知道的宗教進行比喻。他曾經這樣說過：「標準石油公司就是一位仁慈的天使，他讓你們帶上自己的家當，乘上他的方舟，而他也願意和你們共同承擔風險。」

　　如果有人批評洛克菲勒的做法破壞了石油市場，那麼他就會非常生氣地說：「這不是破壞，也不是毀滅，這完全是出於好心的。這是上帝的旨意，是神聖的。我們的目的就是將這個垮掉的行業從地獄的深淵裡拉出來。不能因為這樣，就把我們認為是罪犯。」

　　在他那裡，標準石油公司就是建立在信仰之上的，並且拯救了整個石油行業，將石油行業從黑暗推向了光明。而標準石油公司背後的洛克菲勒和他的合作夥伴們則都是送來光明的使者，收購煉油廠其實也是對弱小競爭者的一種關心和愛護，並沒有什麼不光彩的地方。

10・讓同業不得不臣服的技巧

洛克菲勒進軍石油王國的第二個目標便是匹茲堡，因為那裡是阿勒格尼河和油溪的交匯處，是很重要的交通樞紐。他要想建立自己的石油王國，就必須將匹茲堡一帶的煉油廠收入自己的旗下。

一八七四年冬天，在薩拉托加斯，洛克菲勒和同行查爾斯・洛克哈特和威廉・G・沃登進行秘密的會談。

薩拉托加斯普林斯有一個很大的賽馬場和賭場，這裡是有錢人的集聚地。洛克菲勒便將兩位老闆約到了這裡。

用完早餐後，洛克菲勒和這兩位老闆坐在緊靠湖邊的一個小亭子裡，進行了長達6個小時的談話。談話中，洛克菲勒向他們二人傳達了自己想要收購匹茲堡和費城兩地最大幾家煉油廠的意圖。

洛克菲勒還勸說大家，只有將這些煉油廠合併為一家公司，大家才不會受到價格波動的影響，才不會危及自己的利益。兩位老闆聽後，都陷入了思考的狀態，顯得有些猶豫不決。

見此，洛克菲勒又拿出了自己最後的王牌。他邀請沃登前去標準石油公司，查看自己公司的賬冊。這一看，沃登就驚呆了，洛克菲勒製造煤油的成本實在是太低了，甚至出售的價格比成本的價格還低。就算是這樣，標準石油公司竟然還能夠盈利，真是一個可怕的對手！

　　就這樣，沃登將賬冊的事情又告訴了洛克哈特，二人又花費了好幾周的時間對洛克的公司進行了一番調查。最後，他們二人答應了和洛克菲勒合作。而洛克菲勒給他們的好處是：合併之後，兩家可以享受到鐵路運送費用的最低折扣；貸款時也只需支付極少的利息；優先使用油罐車和最先進的油罐車生產技術。

　　這一合作下來，匹茲堡一半以上的煉油廠都掌握在了洛克菲勒的手中。盟友們都願意在自己的地盤上發展業務，也為之後標準石油公司的發展和併購奠定了良好的基礎。

　　洛克菲勒一手安排的併購案在當時引起了很大的轟動，並且還造成了大規模的連鎖反應。兩年之後，洛克菲勒又接連收購了二十多家煉油廠，成為石油產業的龍頭老大了。

II · 不要在人生的路上，
樹立「不可能」的招牌

　　洛克菲勒出生在貧窮的人家，性格比較好強。學生時代，洛克菲勒也經常逃課，不喜歡聽講，是老師眼中的「怪孩子」。可就是這麼一個不喜歡上課的小孩，對財富卻有著超乎常人的敏感。

　　有一天，玩耍回來的洛克菲勒在街上見到了一輛破舊的玩具車。他把車拿到了家裡，花費了好幾個小時的時間才將這輛玩具車修好。第二天，他便將玩具車拿到了學校，哪一位同學想要開玩具車，就必須給他 5 美分。

　　就這樣，不到一個星期的時間，洛克菲勒便用這些錢重新購買了一輛新的玩具車。

　　洛克菲勒的老師得知此事後，對洛克菲勒說：「按照你的經商頭腦，如果你生在一個富裕人家，那麼你將來肯定會成為一名出色的商人。但是可惜你生在貧窮家庭，商人對你來說是一件不可能的事，你以後能夠成為街頭小販就已經很不錯了。」

　　洛克菲勒聽後，心中很不以為然。在他心裡，「不可能」三個字是不存在的，他的心裡只有信念和拼搏。在他看來，只要努力，就沒有做不成的事。

從那之後，洛克菲勒便成了一名街頭小販。他出售過電池，賣過檸檬水，也在五金店裡打過工。不管哪一項工作，他都是盡職盡責地去做，也做得得心應手，深受老闆的賞識。

後來，在他的努力下，首先和克拉克合夥，又逐步涉及石油行業，最終成為舉世聞名的石油大王。

他還對兒子說：你只有相信自己可以做成某一件事，你內心的創造力和堅定信念才會被激發出來。我們也會因此而得到前進的動力。永遠不要對自己說不可能，否則，你就會直接否定那些可以成功的事情，而你的夢想也會隨之破滅。

I2 · 珍愛時間的人

洛克菲勒從來不把時間用在各種娛樂場所中，他不喜歡珠光寶氣炫耀的裝飾，相比來說，他更喜歡運動和工作。尤其是到了中老年之後，洛克菲勒依然不肯放鬆自己的身體，他把業餘時間用來運動，比如騎馬，他甚至像一個幹勁十足的小伙子一樣，兩天內騎著賽馬跑了大概 80 英里的路程。

在工作上，洛克菲勒表現得是那麼準時和充實。每天早上他的理髮師會在梳妝室為洛克菲勒修臉，然後洛克菲勒吃完早餐後，就準時地來到褐砂石門廊（十九世紀用褐色石材及紅磚所建築的紐約特色建築物），花 5 分錢乘坐在第六大道出發的高架火車到市中心。

車子奔馳的同時，洛克菲勒也不肯浪費這不可多得的好時光，他一路上腦子也不停歇，思考著每天的事物，還用鉛筆在襯衫袖口上記下想到的事情，然後像踩著空氣墊子一樣，在 9 點鐘準時走進標準石油公司的大樓。

有一點，洛克菲勒和查爾斯有著共同的認識，那就是珍惜時間和金錢。在他們看來，生命是不可逆的，時間只會流逝，無法挽留，所以浪費時間的行為是萬萬要不得的，金錢來得不容易，就應該讓它的價值體現在真正需要它的地方，而不是胡亂揮霍。

正是因為懂得珍惜時間，所以，洛克菲勒總是善於把握有效和長期的時間，用來處理各種瑣碎的事情，他用超強度的勞動來向他的石油大王夢想前進，因此比別人付出了更多的努力，洛克菲勒才能在30 歲的時候成為美國最大的煉油商，更是在 40 歲成為美國最大的石油產業經營者。

I3・他是一個客氣的人

對於洛克菲勒來說，培養低調謙遜的態度是很容易的，應該說洛克菲勒的骨子裡就是一種謙遜與張揚相結合的狀態，張揚是他敢於大聲喊出對金錢的積極渴望，謙遜是他對人對事的虛心、謹慎態度。有意將自己的見識隱藏起來，是洛克菲勒的另一種聰明。

裝傻就要有意識地克服夜郎自大的狂妄心理，裝傻就要提示自己保持平和低調的心態，用平靜的氣場影響並迷惑對手，為自己展開行動創造良好條件。

在石油行業打拼的洛克菲勒明白，石油設備、技術、工人和銷售等方面都是資金的重點流向，而要使這些部分完整地組合並運行起來，就需要大量的資金投入。

在經商方面，洛克菲勒不能說是潔白無暇，作為一個時代的商業代表，洛克菲勒身上帶著當時美國商人共同的特性，是 19 世紀末期美國經濟發展的縮影。所以，在當時的經濟、法律面前，洛克菲勒身上還有令人不齒的做法，比如他總是裝傻。

一向行為低調的洛克菲勒在人生中後期，因為巨額財富總是被人們非常多地關注，他在資金和項目運作方面的策略也被人們拿來議論，尤其是影響重大的商業動作，甚至還會給洛克菲勒本人及公司帶

來官司糾紛。

　　面對人們的質疑，洛克菲勒經常「裝傻」將責任推給下屬，而他謙遜誠懇一副小老頭的姿態也常能獲得部分民眾的信任。可事實上，公司的很多計劃都是經過洛克菲勒同意的，也就是下屬們都是在獲得洛克菲勒的指導和同意之後才能開展工作。拋開其他人性分析，洛克菲勒用裝傻的方式對待危機公關，也可謂是一種不錯的方法。

　　一個沒見過洛克菲勒的記者，憑藉外界的傳聞以為洛克菲勒是一個商業嗜血惡魔，為了完成採訪任務他硬著頭皮去了。可是見到洛克菲勒後，他在自己的採訪稿中這樣寫道：

　　「他為人謙遜而不張揚，舉止文雅，卻絲毫沒有其他百萬富翁常見的虛榮誇張、財大氣粗的德性。而大眾之所以能相信洛克菲勒的言辭，也許和他長期低調謙遜的性格分不開的，擁有這樣的性格也就很容易讓人相信他的行為了。」

14・他是一個自律的人

　　從小洛克菲勒就以削瘦的身形、沉默的神情給人一種沉悶呆板的印象。上學期間，一位自認為很有想法的數學老師還曾在私底下用帶有明顯厭惡情緒的詞語形容洛克菲勒，說他是一個老謀深算、不露聲色的陰險傢伙。

　　這些話通過同學傳到了洛克菲勒的耳朵裡，雖然洛克菲勒對這種無德老師的行為感到憤恨，不過對於那些評價他的話，洛克菲勒倒是以積極的心態接受了，他不但不介意，甚至還很滿意。所以，對於這位數學老師的評價，洛克菲勒認為是對他的肯定和讚美。

　　喜歡安靜也是洛克菲勒不同於常人的一點，他對寧靜的偏好很嚴重，他厭惡酒吧等風花雪月的場所，甚至因為不能忍受合夥人占用上班的時間去玩樂，洛克菲勒還和他們有過激烈的爭論。

　　不過，洛克菲勒卻從來沒有想過改正這個習慣，他總是用各種休息的時間思考事業，思考人生。沒有紙醉金迷生活的誘惑，洛克菲勒能用更多的時間種植花草、打球騎馬，過自己的私人生活。

　　除了不喜歡娛樂場所，洛克菲勒平時的話也不是很多，不過只要是他說出來的就一定是深思熟慮過的。在別人看來，沉默寡言不僅不能很好地進行談判，還不利於結交朋友。洛克菲勒依然很堅定地保留

著自己的這個特點，談判方面的很多事情他都交給弗拉格勒，沉默代表力量的格言則由洛克菲勒來實現。

在南方公司事件爆發後，美國工商業都會名單上的幾家公司展開了激烈的抗議活動，而作為中堅力量的洛克菲勒首當其衝成為口誅筆伐的對象。面對混亂的形勢，洛克菲勒始終拒絕接待媒體記者，他將自己關在家裡，用大家爭吵的時間來思考公司接下來的發展之路。

洛克菲勒曾說，我喜歡用書信和他們聯繫。沉默代表力量，只有內心虛弱的人才會隨口亂講，對著大眾和媒體記者喋喋不休，而謹慎的商人則永遠是守口如瓶，三思而行。其他人之所以不能取得大成就，就是因為他們不能排除外界的干擾，不能集中精力將心思投入到該做的事情上。

洛克菲勒曾說，他自己的脈搏每分鐘只跳 52 次，他還努力控制自己臉上的肌肉，使它們在面對突發狀況時能變得更安靜，防止他人從他的表情中知道任何端倪。這個喜怒不形於色的威嚴商人，總是將他人認為是缺點的性格加以很好地鍛煉，發揮它們積極的一面，使自己成為低調但行動有力的行業強者。

15 · 他是一個體貼的人

洛克菲勒年輕的時候一心只撲在工作上，這也致使他很少有時間可以充分地鍛煉。於是，洛克菲勒便經常會隨身攜帶一個可以收縮的手拉彈簧，這樣時間一空下來，就可以稍微鍛煉一下。

有一次，他去自己一個分公司裡辦事，而這個分公司除了總經理外誰都不認識他。洛克菲勒對前台的員工說：「我要見你們的總經理。」前台看洛克菲勒穿著簡單隨便，於是便很不客氣地說：「我們總經理很忙，不是誰都可以見的。」

對於員工的這種傲慢態度與無理的口氣，洛克菲勒倒也沒有生氣，只是說：「那我就在外面等一下吧。」

當時，公司接待室裡面並沒有其他客人，於是洛克菲勒便拿出手拉簧，很用力地拉著。彈簧會發出聲音，這下惹惱了那個員工。

他氣憤地說：「喂，我說你是怎麼回事，你知道自己在什麼地方嗎？這裡又不是健身房，把你的東西趕快收起來！不然的話，我可讓人把你趕出去了。」

洛克菲勒趕快收好自己手中的彈簧，並且很和善地笑了笑，說：「我馬上收起來，收起來。」

　　幾分鐘之後，總經理出來了，一眼就看到了坐在沙發上等待的洛克菲勒。他趕忙迎了上去：「洛克菲勒先生，您怎麼有空過來？」

　　那個員工一聽到洛克菲勒的名字，立馬就癱軟了。他知道，自己在這個公司很可能待不下去了。

　　洛克菲勒和總經理談完事情後，臨走時還向那個員工點了點頭。那個員工很是忐忑，他認為洛克菲勒肯定會懲罰他當時的無禮的。

　　只是，幾天過去了，幾個星期過去了，幾個月過去了，這個員工並沒有收到任何有關處罰的消息，他的心這才慢慢安定下來。顯然，洛克菲勒並沒有將這名員工的無禮放在心上，而是很寬容地原諒了這個員工的錯誤。

16．信譽是無形的資產

創業初期，洛克菲勒為了自己的公司，在銀行之間奔波，最後，他終於得到了他人生中的第一筆貸款，來自於一位老銀行家，名為楚曼·哈迪，而洛克菲勒則拿倉庫的收條當作抵押。

收到這 2000 美元的貸款資金，洛克菲勒別提有多高興了。他說：「想想看，我一個毛頭小子，銀行居然還願意借給我 2000 美金，我覺得我在這一地區的地位已經提上去了。」

後來洛克菲勒才知道，曼迪不僅僅是一家銀行的總經理，他還是一個主日學校的校長。他之所以貸款給他，是因為他從別人那裡了解到洛克菲勒的品行和信譽。

由此，洛克菲勒便認為，一個人的信譽完全取消於他的可靠程度。這也讓洛克菲勒意識到了信譽在商業貿易中的重要性。

還有一次，洛克菲勒公司並沒有足夠的車輛來裝運麵粉、豬肉和穀物之類的食物。洛克菲勒便經常去找一位鐵路官員，希望他能夠幫助解決困難。最後，這位鐵路官員忍無可忍地對洛克菲勒說：「我說小伙子，你一定得知道，我並不是替你跑腿的人。」

也就在這個時候，洛克菲勒公司最大的客戶逼迫洛克菲勒違反一般行規，想要在貨物提單之前就將錢交付給他。雖然洛克菲勒很不想

失去這個客戶，但是他又沒辦法違反行規，最後也只能忍痛將這個大
客戶捨棄了。

　　後來洛克菲勒才知道，這個大客戶之所以這麼做，是受一家銀行
所托，主要目的就是為了考驗洛克菲勒的品行和信譽，看看洛克菲勒
是否會貫行行規。也正是洛克菲勒的這般做法，才讓他在克利夫蘭地
區樹立了良好的信譽形象。

　　在洛克菲勒看來，這個形象比任何官員的擔保都來得有價值，這
也是一個生意人最大的資本。

17・不要為自己找藉口

　　蓋茨先生是洛克菲勒的好朋友，也是最忠誠的合作夥伴。有一段時間，洛克菲勒因生意上的事情忙得有些焦頭爛額，蓋茨先生見狀，便給洛克菲勒引荐了一位大學教授。

　　這位大學教授很特別，他在一次旅行過程中不幸丟失了一隻手臂。不過，教授非常地樂觀，在和洛克菲勒的談話中，他全程都在微笑著。洛克菲勒先生得知，他失去了一條手臂，並沒有影響到自己的生活，不僅如此，他還能夠像以前一樣幫助別人，能夠像以前一樣生活得很快樂。

　　當洛克菲勒談到他的殘障問題時，大學教授平靜地說道：「那只是一條手臂而已，但是不可否認，兩條手臂總要比一條手臂好得多。不過，雖然我的手臂切除了，但是我的心靈還是很完整且正常的。所以，我不應該為此懊惱，而是應該為此感謝才對。」

　　洛克菲勒聽了十分感動，於是他又想起了另一個朋友。

　　斯科菲爾德船長是洛克菲勒的一位好友，閑暇時候，兩人會在一起打高爾夫球。打高爾夫球和騎自行車是洛克菲勒最喜歡的兩項運動，尤其是在晚年，退休後的洛克菲勒一方面通過這些運動來打發時

間，二則想要通過這些運動來鍛煉身體。

這一天，兩個人又約在一起打球，結局似乎和以往一樣，斯科菲爾德船長又輸了。這位性情直爽的家伙直接把球杆狠狠地甩出去很遠，口中還帶著含糊不清的髒話。

顯然，比賽失利使斯科菲爾德船長很是生氣，不過倒是可憐了那支漂亮的球杆了。

洛克菲勒看到斯科菲爾德船長的這些舉動，並沒有感到不愉快，相反，他還特地買了一支新球杆送給斯科菲爾德船長，還打趣地說道：「但願斯科菲爾德不會認為這是對他發脾氣的獎勵，不然那就一發不可收了，我一定會很慘。」

斯科菲爾德船長雖然脾氣急躁了些，不過洛克菲勒倒從中看到了他身上的一個優點，那就是不為失敗找藉口。

打球比賽也是一場輸贏較量，輸球就是失敗，儘管輸球讓斯科菲爾德船長很不悅，但他沒有用年紀太大、體力欠佳、狀態不好等藉口來解釋。也許斯科菲爾德船長在拋球杆的時候，或者坐下休息時，就在想我下次應該怎麼樣才能贏球，而不是亂找藉口，自找台階下。

洛克菲勒指出，藉口可以把絕大多數的人擋在成功的大門外，99％的失敗都是因為人們習慣於找藉口。為了真實地追求成功，享受其中的過程，洛克菲勒告誡兒子約翰——要防止為自己找藉口。

18·「上當」就是在繳學費

聽到了兒子約翰上當的這個消息後，洛克菲勒一點兒都沒有顯示出吃驚的神情，他明白，在商界不吃幾次虧、不上幾次當是沒有辦法深刻體會而成長起來的。

原來，約翰在房地產等方面經過一段時間的鍛煉後，他開始對投資事業感興趣。

後來，有一位叫羅傑斯的人告訴約翰，一個名為詹姆斯·基恩的股票交易商買進了一大筆美國皮革公司的股票，這是賺大錢的大好時機。所以，羅傑斯勸說小約翰，也購買一批這家公司的股票。對股票市場一知半解的小約翰聽從了羅傑斯的建議，當即便購買了一筆美國皮革公司的股票。

不久之後，約翰約說，在午飯期間，羅傑斯和另一名員工拉馬爾進行了一段時間的秘密會談，這個消息令小約翰心裡有些不安。

很快，約翰將拉馬爾叫到了辦公室，已經預知到要發生什麼的拉馬爾一進來就帶著驚慌失措、坐立不安的神情。看到這裡，約翰明白了，沒必要再對他進行什麼詢問了，從拉馬爾的神情中，他就知道，他被騙了！

後來，約翰才明白其中的詭計，在剛出手購進那個皮革公司的股

票後，拉馬爾就迅速拋售了自己持有的該公司的全部股票，而基恩對此事是一概不知的。毫無疑問，約翰這次的投資行動徹底失敗了。

洛克菲勒那邊也在第一時間知道了兒子約翰的慘敗事跡，不過這位慈祥的父親沒有給約翰任何壓力和指責，而是安靜地幫兒子處理這些事務。而約翰也繼承了父親洛克菲勒在面對失敗時的一貫作風，尋找失敗原因，汲取教訓。針對這次失敗，最直接的錯誤就是沒有在進行投資之前與基恩見面，也沒有做任何調查，而是單純聽信了一條不可靠的消息，並因此失去了大量的資金。

不過，雖然洛克菲勒並沒有苛責小約翰這一次的錯誤，但是小約翰卻一直不肯原諒自己。為了彌補自己造成的損失，小約翰在接下來的幾個月中主動放棄了自己的休假時間，全身心地投入到工作中，希望這樣可以讓自己心安一些。這種甘於受責、善於總結教訓的作風果然使約翰在以後的商業經營中進步不少，他也逐漸向著優秀企業家的行列走去。

19·忍耐是智慧、也是策略

　　洛克菲勒初入社會初期，因為出身貧寒而處處受到挾制，受到各種不公平的待遇，但即便是這樣，洛克菲勒都一一忍受下來了。後來，洛克菲勒被休伊特·塔特爾公司錄用，這才讓他的情況有所好轉。因此，洛克菲勒對休伊特·塔特爾公司充滿了十足的感激之情，因為老闆的大膽聘用，洛克菲勒才擺脫了以往的生活困境，讓生活有了依靠。不過，後來，休伊特·塔特爾公司的薪資已經無法滿足洛克菲勒的要求，最後洛克菲勒也只好離開了。

　　原來，在休伊特·塔特爾公司其中一名合夥人塔特爾離開公司之後，洛克菲勒便被提拔到塔特爾原來的職位上，主管整個公司賬目的同時，洛克菲勒還負責更加重要的公司事務。此時的洛克菲勒對自己的能力充滿自信，畢竟他的工作和經商老手塔特爾的業務是一樣的，所以洛克菲勒認為自己的薪水應該得到提高，特別是他知道塔特爾的薪水是每年二千美元，而自己依然是記賬員時候的每年五百美元的待遇時，制度上的不公平更加使洛克菲勒感到不滿。但他還是堅持在休伊特公司上班，並盡心將自己負責的業務做好。終於，等洛克菲勒有一定實力的時候，他毅然選擇離開休伊特公司，和自己的合夥人單獨開辦公司。

「也許因為我太年輕，對我的工作能力不認可？」洛克菲勒心裡只能這樣想。可是這種質疑並沒有消除，在後來和克拉克的合作中，洛克菲勒同樣受到了能力上的挑釁。克拉克是洛克菲勒的第一位合夥人，因此，洛克菲勒對這位合夥人和這家合夥公司有著不一樣的愛惜之情。但向來自認為高人一等的克拉克說話更加直白：「沒有我，你能幹成什麼事呢？」這是克拉克對洛克菲勒能力的評價，他不相信洛克菲勒的經商能力，架空洛克菲勒，處處把持決定權。哪怕是這樣不懂得尊重他人的相處方式，也沒能使洛克菲勒動怒，他依然盡心竭力地處理公司的大小事務，積極關注行業的新動向。

終於，蓄勢待發的洛克菲勒遇到了可以合作的商業夥伴。這一次，他進入了決定自己一生的石油行業，在此後的經營過程中，洛克菲勒對合作夥伴總是報以必要的忍讓，但是對對手從來都是雷厲風行，不留半點喘息的機會。

洛克菲勒的兒子約翰曾因為無法忍受同仁的一些做法而退出花旗銀行，對於兒子這種率性而為、不屈從異志者的做法，洛克菲勒做出了批評和勸誡，他說：「能忍人所不能忍之處，才能為人所不能為之事。你要記住，忍耐不是忍氣吞聲，也不是卑躬屈膝，必要的忍耐是從大局出發的智慧，是一種策略，同時也是一種磨煉。」

20·用閱讀來充實自己

　　成功人士都有一個共同興趣，就是「閱讀」。

　　像是當代的巴菲特、查理·芒格、比爾·蓋茨、馬斯克、提姆·庫克等等大人物，無一不是在身上有流淌著「閱讀的基因」。

　　喜愛閱讀的洛克菲勒不免為那些缺少閱讀的人感到悲哀和可憐。要知道，從某種意義上說，我們是生活在一個很小的封閉的空間中的，缺乏外出探險機會的我們，更多情況下只能通過閱讀來亨解古往今來人們思想的結晶，可即便是這樣，仍有不少人懶得閱讀，那麼，這些可憐的人兒對人生到底了解多少呢？在無知中死去的人們又有多少呢？想來，真是一件可怕的事情！

　　在進入商界後，受到環境的影響，閱讀也越來越被洛克菲勒所重視。他也承認，通過閱讀可以提升經營手段。面對琳琅滿面的各類圖書，在選擇哪些經營方面書籍的問題上，洛克菲勒認為，最好去請教大學經營學的老師和教授，他們掌握著最新的情報，同時，在他們那裡也能了解到哪篇論文寫得好，在哪裡能找到等。

　　閱讀不是隨便什麼都可以拿來讀一讀，洛克菲勒也認識到大部分的人只喜歡讀小說。在這些人眼中，輕鬆的故事情節能夠讓他們的人

生得到寬慰。當然，必要的放鬆是應該的，不過過度沉溺於不現實的虛擬情節中，就不是我們所希望的了。看來，一向嚴謹認真的洛克菲勒還是希望不要浪費時間，多讀一些對人生價值觀有良好影響、對自己事業有重大幫助的書籍。而且，洛克菲勒以自己的親身經歷為證。他說，經過一段時間的耐心閱讀，跟從不閱讀的同輩人比起來，跟學歷比我高的人比起來，我依然站在一個相當有利的起點上。

　　洛克菲勒在提倡閱讀的同時，更是不辭辛苦地總結出十本值得深入閱讀的圖書。在洛克菲勒看來，讀書不是讀死書，就像接受教育，不是單純獲得一些機械的知識，讀書和接受教育是為了認同一種觀念、一種心態，那就是帶著無限的好奇心和求知欲去觀察這個世界，去認識某個領域。書籍使我們與大自然和世界共同呼吸、成長，我們應該敞開心扉，抒發真實的感情，體驗多彩的生活。

第三章

商場中的狼道哲學

洛克菲勒の思維

相信不如人願的事屢屢發生，好事終將占得上風。

智慧之書第一章，也是最後一章，寫的是—天下沒有白吃的午餐。

那些要求我以誠相待的人，就是想在我這裡撈到好處的人。

往上爬的時候要對別人好一點，因為你走下坡時會遇到他們。

藉口就是製造失敗最好的材料。

一個人不是在計劃成功，就是在計劃失敗。

侮辱反而是一種恩惠、一種動力。

在商場上，成功了的騙術並不是騙術。

Ⅰ・誠實是商人的聖經

　　美國的《幸福》雜誌一篇評論當代公司領袖必備的條件的文章中指出：「那些畏懼矛盾，不敢有長遠規劃的企業家最終將退出舞臺，因為人們渴望追隨的是那些具有遠見卓識的公司領袖。」在工作中，我們也需要學習狼運用忠誠的謀略智慧。

　　聖誕節是歐美的傳統大節日，也是與家人團聚的重要日子，而就在節日來臨的前夕，小約翰卻忙著向一位客戶勸說，要對方在放假前簽訂一筆大合約。

　　洛克菲勒得知後，便想到了自己經商時的場景，想到了誠實在生意場上的重要性。於是，洛克菲勒便找來小約翰，開口說道：「我們要堅守誠實做人做事的原則，尤其是在企業經營中，如果不能堅守這份節操，就相當於自己的公司存在盜竊行為，而作為公司的一把手，自己主動做降低身份的事情，豈不是鼓勵其他員工一起做壞事，利用各種卑劣的行為，獲取不光彩的勝利？」

　　經過一番說教之後，小約翰很愉快地接受了洛克菲勒的教育和建議，他也徹底明白了無論一個人怎麼做，無論如何相信基督對他的照顧，但是不擇手段獲得的不義之財也不能使他心安，更不知道哪天會有警察前來敲響房門。

　　就在不久前，洛克菲勒的一位老朋友還問洛克菲勒，在商界生存最重要的一點是什麼？當時洛克菲勒毫不猶豫地回答道：「誠信！」因為有著誠實性格的人就是有道德且品質高尚的人，他們在日常生活中的正直和坦率足以使人放心，所以，在商界具備這樣的品質是一個企業長期成功的保障。

　　當然，現實中不可能全部都是這樣品德高尚的人，其中沽名釣譽者常常混雜於其中，這些人為人不正，通常將財富看得比名譽還重要。洛克菲勒堅定地認為，這些人是不會在商界長期混跡的，因為上帝也不會寬容他們的行為。

　　長期以來，洛克菲勒也經受著世人對他財富的拷問，巨大的財富使大家懷疑這些金錢是否乾淨，在托拉斯事件時，多次法庭審訊便是洛克菲勒無法逃避的陰影。誠實和慈善是母親教導洛克菲勒的該有的品德，而洛克菲勒始終堅持著這些品德做生意，用他自己的話說，與其說洛克菲勒身上有不道德的經商行為，倒不如說他反映了那個時代人們奮鬥成功的特徵。

2．運氣跟在有遠見的人的後面

狼也很想當百獸之王，但牠知道自己是狼不是虎，所以不會單獨攻擊比自己強大的動物，就算不可避免地遭遇這些敵人，狼也會群起而攻之，所以狼不靠運氣生存！

有時候，洛克菲勒的成功時常會被人認為是憑運氣得來的！

有一天，洛克菲勒在郊外散步的時候看到了一塊地皮，他環顧四周，看了半天，然後便決定要買下這塊地皮。於是，他找到了地皮的主人，並表明了自己想要購買該地皮的意思。

地皮的主人顯得很吃驚，要知道這個位置不是什麼黃金地段，甚至可以說比較偏僻，而且洛克菲勒還給出了 10 萬美元的高價，所以，當洛克菲勒說出這一要求時，他甚至不敢相信自己的耳朵：世界上竟然還有這麼傻的人，花這麼高的價格購買這樣一塊偏僻的地皮。

洛克菲勒這一大膽的決定也受到了朋友的質疑，大家都勸他考慮清楚，慎重行事。不過洛克菲勒顯然是成竹在胸的，他很自信地說道：「你們都放心吧，我有信心，購買這塊地皮肯定不是虧本的生意。」

時間很快，一年過去了。令那個地皮主人和洛克菲勒的朋友們想

不到的是，政府宣布要在郊外建設環城公路，而洛克菲勒的地皮正好位於其中，這樣一來，這塊地皮硬是升值 150 倍。

建設環城路的消息還使一些想在道路周圍建造別墅的商人著急購買土地。有一位城裡的富豪找到洛克菲勒，說自己願意花 2000 萬美元買下這塊地皮。不過，洛克菲勒卻笑著拒絕了，他說：「抱歉，先生。我認為這塊土地的升值空間還會更大，所以我現在還沒有意願要將這塊地出售出去呢。」

洛克菲勒沒有見好就收，這種放長線釣大魚的投資方式也讓部分朋友為他擔心，不過洛克菲勒似乎有著十足的把握。果不其然，三年後，洛克菲勒將這塊地皮售出去了，而售價則高達 2500 萬美元，比購買時多掙了 2490 萬美元！

大家無一不對洛克菲勒的這筆生意感到驚訝和不解，有人甚至懷疑洛克菲勒在政府有認識的人員為他是供內幕消息，可事實上，洛克菲勒是一個極不關心政治的人。在別人看來，運氣在洛克菲勒的這次交易中起了極大的作用，可按照洛克菲勒自己的說法，那就是大膽和自信共同作用的結果。通過了仔細的觀察與判斷，才得出的結果，並大膽為之行動，這就是成功的秘訣了。

3・一步一腳印

洛克菲勒曾經說過：「積極行動是我身上的另一個標識，我從不喜歡紙上談兵。因為我知道，沒有行動就沒有結果，世界上沒有哪一件東西不是由一個個想法付諸實施所得來的。人只要活著，就必須考慮行動。如果你不採取行動的話，就算是最美麗、最實用的哲學，也是無用的。」

石油行業剛興起時，利潤高、成本低，這也引起了很多人的注意。一些其他行業的人紛紛下海，想要從中分得一杯羹。大量人力的投入，並沒有促進石油產業的發展，反而造成了石油產業衰退的狀況。

競爭激烈，石油價格急劇下降，幾乎毫無利潤可言，這對於石油商來說，可謂是天大的災難。在當時，大部分的煉油廠都出現了虧損的狀況。更加嚴重的是，這種情況並沒有嚇退那些瘋狂的開採者，他們還在不停地開採著，整個石油產業陷入了巨大的危機中。

對於這種情況，洛克菲勒也是極其擔憂的。他擔心，如果再這麼發展下去，他這麼多年的付出可能就要毀於一旦了。不過，他也明白，此時並不是唉聲嘆氣的時候，他不能坐以待斃，他要行動，要在災難中尋找生機。

他沒日沒夜地研究著當前的形勢，他想要從中找到一個妥善的解決辦法。後來，他便想到了一個將競爭轉為合作的辦法。他知道，之所以會出現這種狀況，主要是因為石油業的迅速發展，引來了帶有毀滅性的競爭。要想阻斷這種惡性競爭，就必須將它馴服，讓它按照自己的構想行走。

所以他決定收購那些生產過剩、秩序混亂的煉油廠。為了籌得足夠的資金，洛克菲勒主張建立股份公司。這樣一來，他們可以對外銷售股票，得到資金上的支持，並且還不會影響對原先公司的控制。

最初，洛克菲勒的這項計劃遭到了很多人的反對和嘲諷，認為他會徒勞無功。有一位資深的企業家告訴他：「你的計劃要麼會取得巨大成功，要麼會得到巨大的失敗。」

可是，不管外界的聲音如何，都無法打擊洛克菲勒的自信心。他要行動了。他和安德魯斯的合夥公司撤銷了，重新成立了一家股份公司，並取名為標準石油公司，並成功收購了幾十家煉油廠。

漸漸地，石油市場上的價格穩定下來了，而洛克菲勒的計劃也算是取得了巨大的成功。穩定了市場價格，維持了市場秩序。

4・失敗也是成功的一部分

　　狼在捕獵的時候，通常是十次出擊才會有一次成功，而正是這一次成功就足以使狼能夠生存下去，並產生再次出擊的激情。我們在工作中會遇到很多失敗，但一定要有耐心去做事情，只有鍥而不舍才能獲得最後的成功。

　　有一次，洛克菲勒的公司要招聘一名副理。

　　這天，有一個男子前來應聘。這名男子 38 歲，只是社區大學畢業，這和洛克菲勒公司的招聘要求完全不符。面試人員看完這個男人的簡歷後，便冷冷地說道：「先生，對不起。我想您並不符合我們公司的應聘要求。」

　　不過，只見這名男子信心滿滿地說道：「我只希望您能夠給我五分鐘的闡述時間，五分鐘之後，如果您還是不能接受我，那麼我無話可說了。」

　　面試人員看他自信心十足的樣子，便想給他一次機會。於是，這名男子講述了自己的經歷。

　　原來，這名男子從事銷售行業已經有 15 年的時間了，先後去過八個公司。面試人員一聽，臉上便露出了不屑的神色：這麼不長性的

員工，我們怎麼可能錄取呢？男子看到工作人員的臉色，便解釋道：「我之所以離開，是因為這八家公司全部都倒閉了。」

面試人員聽後都一陣竊笑，這讓他們更加懷疑他的能力了。

這位男子好像沒有看到工作人員的反應似的，繼續說道：「我敢應聘這個職位，就是依仗著我曾經失敗過。雖然我一個人的力量根本無法挽回公司倒閉的事實，但是我作為公司的一員，在此過程中，我也積累了很多的經驗和閱歷。我相信自己，更相信自己的能力。更為重要的是，我了解每一家公司失敗的原因和細節。」

這一點確實極為重要，而面試人員顯然也知道這個經驗的重要性。結果，這名男子被錄取了，成了洛克菲勒公司的一名副理。

5·熱愛工作必有回報

　　克羅爾是洛克菲勒公司的一名清潔人員，他每天需要給管理人員打理辦公室、公司過道和廁所等，工作沉重而又簡單。雖然這是一份很不起眼的工作，但是克羅爾卻也投入了很大的熱情。他喜歡這份工作，也鍾愛這份工作。

　　有一次，搬運工不小心打碎了幾箱子汽水，瓶子的碎片撒了一地。部門經理非常生氣，他要求這些搬運工們立刻將地板打掃乾淨。

　　搬運工們挨了經理的訓斥，心裡自然不樂意。對於經理的吩咐，更是置之不理。就在這個時候，克羅爾過來了，他什麼話都沒說，便將地上的碎玻璃全部收拾乾淨了。恰巧，這一舉動被路過的洛克菲勒看到了。第二天，洛克菲勒便把克羅爾提升為環境管理部的經理。

　　後來，有人問洛克菲勒提拔克羅爾的原因：「克羅爾到底有什麼優點，值得你如此看重呢？」洛克菲勒回答道：「我看重的是他對工作的熱情和投入。如果一個人能夠將全部的精力都投入到他正在做的事情中，那麼別人就肯定會認可他。

　　按理說，這是經理和搬運工之間的事情，克羅爾可以不用多此一舉的。他完全可以利用這些時間，去找個地方好好休息休息，但他並沒有這麼做，他將所有的精力都用在了自己的工作上，由此也得到了洛克菲勒的賞識。

6・不要忽視自己的責任

　　野狼對於獵捕的目標，絕對不會做出無意義的行為，不管是恐嚇性的咆哮，還是無謂的奔跑。牠們是有策略的群體，通過緊密的溝通，精準地執行每一步驟。當行動的時刻來臨，團體的每一匹狼都清楚地了解牠所需扮演的角色，迅速出擊，永遠與狼群保持一致。

　　有一次，標準石油公司的一位高級管理人員做出了一個錯誤的決定，因為這個決定使公司損失了兩百多萬美元。

　　事情發生後，大家都有意避開洛克菲勒，唯恐洛克菲勒將一肚子的火氣發洩到自己的身上。不過，在這些人當中也有一個例外，他就是洛克菲勒的合作夥伴之一——愛德華・貝德福德。

　　這天，貝德福德敲門走進洛克菲勒的辦公室，正看到他趴在桌子上，拿鉛筆在紙上寫著什麼。

　　貝德福德和洛克菲勒一邊打著招呼，一邊向他的辦公桌走近，並問道：「這是在寫什麼呢？」

　　「哦，貝德福德先生，想必你已經知道最近我們公司遭受了多少損失吧？」洛克菲勒一邊說、一邊繼續在紙上寫著。

　　貝德福德輕輕地皺了皺眉，聳聳肩。

「沒錯，我想在叫這個負責人進來討論這件事之前，我需要做一些必要的功課。」

說著，洛克菲勒將手中的紙拿起來給貝德福德看。

洛克菲勒接著說：「之前，這名主管曾經有三次正確的決定，這些決定幫助公司獲利頗多，遠遠超過了這次的損失額。」

看著密密麻麻的筆記，貝德福德對洛克菲勒這種大度和不一味責難的做法給予了大大的稱讚。

面對錯誤，洛克菲勒這樣說道：「當壞事降臨在我們身上時，我會先停下，問自己『我的職責是什麼』？然後回到原點，通過對自身角色進行準確的評估，這樣就能避免窺探他人做了什麼，或者要求他人做出改變等無意義的行為。」

7・踩在失敗的肩上

　　對每一個人而言，野狼是一個很吸引人的主題。通過了解野狼的生活，學習狼群的智慧，人們得以更多地了解自己與這個世界。利用野狼作為個人與組織的象徵，不僅可以讓人學到處事定理，更可以在這個過程中，享受宛若置身於荒野，與狼共舞的奇妙體會。這些的狼群生活得來的成功與失敗的經驗，處處都流露著每個公司企盼的發展的管理哲學觀。

　　匹茲堡計劃是洛克菲勒始終不願回想的一段記憶。

　　一八七三年中旬，在距離鐵路公司解散、改造南方公司僅僅過了一個月的時候，洛克菲勒就來到匹茲堡，和當地最大的三家煉油商就合作一事展開了談判，並且開始了在這一區域的戰略部署。

　　洛克菲勒提出，歡迎所有煉油商加入到自己的隊伍，而且他還一個個地去拜訪安撫那些煉油商們，並且告知他們：自己的到來並不是為了要搞垮他們，而是想要創造一個合作共贏的局面。經過洛克菲勒的一番遊說，洛克菲勒的計劃也算是順利進行了。而當地的幾個大油商也在他的說服下加入了洛克菲勒的隊伍。

　　可惜的是，這些局部勝利的匹茲堡計劃，最終還是宣告失敗流產

了，成了短暫的記憶。

　　洛克菲勒這件事的挫敗點主要是被其他油商的欺詐和搭便車行為造成的，因為那些不講信用的油商們在和洛克菲勒完成協議之後，又重新私底下開設了新廠，並進入到市場競爭中，這些活動嚴重擾亂了洛克菲勒統一石油市場的計劃。通過這次事件，洛克菲勒下定決心再也不組建所謂的聯盟組織了，與其搞這些聯盟還不如實實在在、大手大腳地實行兼併呢！

　　匹茲堡的戰略意義依然重要，要知道匹茲堡經阿勒格尼河和油溪相連，是最佳的石油運輸樞紐，匹茲堡是洛克菲勒開展第二次大兼併行動中必須爭取的目標。為了避免如匹茲堡計劃的失敗，洛克菲勒這次改變了方法。

　　洛克菲勒和弗拉格勒約見了匹茲堡和費城的石油同行洛克哈特和沃登，希望通過收購他們的企業來給小油商帶來壓力，繼而再兼併那些小企業。在會談的 6 個小時中，洛克菲勒使盡渾身解數試圖說服他們，洛克菲勒不斷地為他們灌輸這樣的思想：不及時合併成一家大公司，那就難以避免毀滅性的價格大戰。即使這般努力，洛克哈特和沃登還是表現得很猶豫，這個時候，洛克菲勒便向他們亮出了公司最有

力的王牌——請他們查閱公司的賬本。

　　標準石油公司低廉的成本和高額的利潤收入全部展現在賬本中，沃登在看賬本時表現出異樣的驚訝：標準石油公司竟然能夠在如此低廉的成本和售價中依然獲得驚人的高額利潤。洛克哈特和沃登對洛克菲勒提出的建議表示出了好感，接下來他們用一些休息的時間加深了對標準石油公司的了解，最終決定和洛克菲勒達成合作。

　　這對洛克菲勒來說是個不小的成就，與這兩個強大的油商合作使洛克菲勒掌握了匹茲堡一半以上的煉油能力。在加快匹茲堡和費城戰役的同時，洛克菲勒還開始在紐約展開部署。還是依靠這種方式，在和弟弟威廉的努力下，洛克菲勒成功地和普拉特牽手合作，收購了普拉特的長島煉油公司。在收購普拉特公司的時候，洛克菲勒還獲得了一名大將——羅傑斯。

　　因為有上次失敗的經驗，這次的兼併戰爭洛克菲勒沒有跌倒，最後，標準石油公司像個英雄一樣站在眾多煉油商中間，用強大的號召力使他們向洛克菲勒靠攏過來。

8・要當一個懂得欣賞別人的上司

在狼的生命中沒有什麼東西可以替代鍥而不舍的精神，因為它使狼得以歷盡千辛萬苦生存下來。隨著我們對社會的支配能力日益增加，我們有沒有按我們應當做到的那樣珍視鍥而不舍的精神呢？

退休後的洛克菲勒已經很長時間沒有去公司了，這天，他心血來潮，穿上許久未穿的工作服，拄著拐杖去了公司。

剛走進大廈，來來往往的新老員工同他問好，一種久違的溫馨感湧上心頭。習慣性地，洛克菲勒向約翰的辦公室走去，洛克菲勒坐定後，很開心地說到令人滿意的工作氛圍。

突然，洛克菲勒腦海中閃過一個人，接著，他問約翰：「怎麼沒有看到維奇呢？」

約翰一邊整理資料一邊回答說：「維奇辭職了。」

洛克菲勒對這個消息顯得很是吃驚，約翰也將維奇辭職的原因做了說明。原來，維奇和約翰在公司方案上一直達不到一致，這讓約翰很是煩躁。再加上最近幾次的爭吵，讓約翰完全失去了耐心。二人大吵一架後，維奇提出了辭職。

洛克菲勒又不得不對約翰的做法進行了批評。要知道，維奇和洛

克菲勒同事 13 年，都沒有發生過這麼嚴重的衝突，而且根據洛克菲勒的了解，維奇是一個忠於職守、工作勤奮的好員工。縱然維奇的性格稍微有些古怪，但維奇也不會像約翰所說的「是一條暗藏的毒蛇，隨時準備乘人不備咬上一口。」也許，就是維奇古怪的性格使約翰感到反感、不舒服，並導致兩人反目吧。

世界上沒有完全相同的兩片葉子，更何況是人！儘管我們有著相似的外表，但是總有著不同的內心思想，這是我們無法改變的事實，但是只要這種性格和習慣不會影響到大家的合作就可以了。就比如說維奇，他在公司工作期間，公司上下沒有一位員工對他產生過任何的不滿情緒。

為了使更好地促進約翰反省這件事情，洛克菲勒對如何把握人才任用做了總結：首先，公司要把每個人都當作人才看待，這樣才能做到人盡其才。其次，在選拔任用人才時，要秉持公正、民主的心態。再次，在用人上要有「看人長處，容忍短處」的胸懷，這樣才能調動他們的積極性。最後，要有感恩之心，還要有不避用仇人的心態。

9·有冒險才有機會

　　洛克菲勒公司旗下的產品部經理，在他上任後所做的第一件事情，就是著手開發研究一種新產品。可惜，這款新產品的研製工作失敗了。這位產品部經理很是忐忑不安，他擔心自己會因此被洛克菲勒辭退。

　　這天，這位產品經理被叫去洛克菲勒的辦公室，在去的路上，產品經理心裡很是恐懼，因為他知道，他的好日子就要到頭了。

　　他戰戰兢兢地站在洛克菲勒面前，連頭也不敢抬。洛克菲勒看著眼前的這個年輕人，輕聲問道：「你就是那個研發新產品、讓我們公司賠了一大筆錢的經理嗎？」

　　經理膽戰心驚地回答道：「是的。」

　　而接下來的一幕卻讓他始料未及。只見洛克菲勒拍手稱道：「很好，很好。我這是要向你拍手祝賀了。你敢研發新產品，也說明你有冒險精神。雖然這次的冒險失敗了，但是如果你沒有了這種精神，我們公司也就很難會有發展了。要知道，在大多數情況下，靠冒險取得勝利的機會要遠比謹慎來得多得多。」

　　之後，這位產品部的經理被提升為了總經理，他一直記得洛克菲勒對他說的那句話：「一名合格的員工，一定要具有冒險精神，這也是一個人魅力人格的體現。」

IO · 你才是自己最大的資本

公司是一個團隊的集體名字，每一個員工能否像狼一樣富有組織性呢？每一個管理者能否像狼一樣具有堅韌性呢？一個具備「狼性」的公司必將在激烈的市場競爭中立於不敗之地。狼不僅可以拯救員工的心靈，更能拯救公司的精神。

有一天，洛克菲勒前往一家分公司去視察工作，路過衛生間時發現，一個年輕的小伙子正跪在地上擦拭地板。讓人奇怪的是，這個小伙子每擦拭一下就會叩一下頭。

洛克菲勒奇怪極了，於是便將他叫起來詢問道：「你為什麼擦拭一下地板，就要叩一下頭呢？」

小伙子回答道：「哦，我是在感謝自己的一位聖人。」

洛克菲勒又問道：「你為什麼要感謝那位聖人呢？」

小伙子說：「就是在這位聖人的幫助下我才找到了工作，才算是有了飯吃。」

洛克菲勒聽後，笑了笑說：「我年輕的時候也遇到過一位聖人，他不僅讓我吃上了飯，而且還讓我有了現在這般成績，你想要見一見他嗎？」

　　小伙子高興極了，他說道：「如果他能夠讓我在吃飽飯之後，還有多餘的錢，那麼我很高興去見他。」

　　洛克菲勒說道：「他住在南非的一座名為胡克山的山上。凡是被他指點過的人都會取得一定的成就。如果你願意前往，那麼我會讓你的經理批准你一個月的假期。」

　　小伙子謝過洛克菲勒後，便提著簡單行李上路了。

　　小伙子一路風餐露宿，最後終於來到了南非的這座山上。可是，他在山頂上走了一天，除了他自己外，他再也沒有遇到過第二個人。

　　小伙子很是失望，他回到公司見到洛克菲勒的第一句話便是：「董事長，我到達山頂之後，足足尋找了一天，都沒有半個影子。除了我自己外，更別提有什麼聖人了。」

　　洛克菲勒接口說道：「是的，確實是這樣。你要明白，除了你自己外，世界上哪還有什麼聖人呢？因為，你就是自己的聖人啊。」

　　小伙子似乎明白了。後來，這個年輕的小伙子成了洛克菲勒公司旗下的一名經理。有一次，他在接受記者採訪的時候，說道：「承認自己是最大的資本，也算是成功的開始。每一個人都應該相信自己，都應該相信自己可以創造奇蹟。」

II · 只要節省一滴焊接劑

公司需要狼的處世哲學，這是生存的必然選擇。在我們懷念狼的時候，事實上是我們渴求對現實的管理危機尋求一種有效的解決機制。公司與員工並不是對立的，而是真正意義上的統一的。這一點在狼群身上得到了近乎完美的體現。

剛剛進入石油行業的洛克菲勒並沒有這方面的專業知識和技能，除了充分利用在財務和經營方面的特長，平時的洛克菲勒還學習將工作重心放在石油產品的監督上，比如檢驗石油罐子的蓋兒有沒有自動焊接好。

這項工作雖然很簡單，不過幹起來就有些枯燥無聊了。洛克菲勒的工作流程是這樣的，站在焊接機前面，等著焊接劑一滴一滴自動地落下來，然後把油桶轉個圈，來檢查四周有沒有焊接好，最後再把桶蓋放在傳送帶上就可以了。起初，包括洛克菲勒在內的很多人都認為這項工作太過於簡單，甚至三歲的小孩都能完成。不過，簡單，不一定就能做好。

於是，洛克菲勒開始花費更多心思在這項枯燥的工作上，他總是認真觀察桶蓋，仔細記錄焊接劑的下跌速度和數量。慢慢地，洛克菲

勒發現完成滴焊接劑這道工序大概需要 39 滴焊接劑，但也有 38 滴完成的情況。於是，他經過周密計算，發現事實和理論都指向了一個方向，只要 38 滴焊接劑就能完成焊接工作。

發現這個新方法的洛克菲勒馬上投入到了產品改造的工作中，他利用自己的空閑時間反復研究、檢驗，最終研製出了一種更加節省焊接劑的焊接機。依靠這種焊接機，每處焊接部分節省下來一滴焊接劑，積累起來每年居然可以為公司節省 5 億美元。

能在普通的崗位上創造出不俗的工作成績，洛克菲勒才真正明白：只要認真對待生活，生活就會出現各種有益的事物，充實我們的生活。

12・做任何事最重要的是態度

　　現代公司最缺乏的是統一的意志，每一個員工總是認為自己是最優秀的，在肯定自己的同時，不自覺地否定了別人。我們需要的不是一群烏合在一起的「紙老虎」，而是一群團結在一起、極富殺傷力的「狼」。

　　狼無疑給現代公司的發展模式指明了一個方向，員工們也就擁有了一個值得學習的自然界偶像。許多管理學者試圖從群狼的身上為現代管理找到一條捷徑，讓每一個員工能夠自由自主地工作。這種努力現在已經變成了現實，現在野狼的精神只要運用到公司的團隊管理中，就能發揮其巨大的效益。

　　蓋茨，是洛克菲勒最主要也是最看重的盟友之一。蓋茨在洛克菲勒公司期間，盡心盡力地工作，為洛克菲勒尤其是慈善方面的事業貢獻了重要的力量。

　　自從蓋茨致力於幫助洛克菲勒管理慈善事業之後，洛克菲勒在慈善方面的工作取得了顯著的進步。因為慈善事業，洛克菲勒在世人心目中的形象也發生了很大的變化。而這位忠心且聰明的助手，能使洛克菲勒的慈善事業發生這麼大變化，亦是花費了不少心血。

蓋茨幾乎天天晚上都在研讀各種各樣的書，內容涵蓋非常廣泛，有厚厚的經濟學、醫學、社會學和歷史學，他試圖用豐富的知識為洛克菲勒找到在慈善管理方面最合適的方式。

有一次，因為涉及到一些法律草案的制定，蓋茨所看的書，足足能夠將門堵起來。在這番努力下，蓋茨確實也沒有辜負洛克菲勒的期望，制定了一個比較合理而又安全的規章條例。

此外，蓋茨能成為洛克菲勒的得力助手，除了忠誠和經驗以外，絕對得益於其忘我的工作態度。

在工作方面有蓋茨為我們樹立榜樣，在生活其他方面，比如運動，有洛克菲勒為我們做示範。而從他們二人身上，我們也知道，在不同領域的成功都需要如對待工作一般的認真、耐心和責任感。

退休之後的洛克菲勒狂熱地迷戀上了運動，在每年春天舉行的「單車節」上，也必定會出現洛克菲勒的身影。

在騎車技術上洛克菲勒一樣不肯落後，他把騎車的過程分為幾個步驟，並保證每一步都做得盡善盡美。洛克菲勒還嘗試玩一些比較驚險的動作，比如放開車把；讓人扶著車子，自己一下子跳到車座上。

為了掌握合適的坡度，洛克菲勒還埋頭研究土木工程方面的書籍，最終發現將車子騎到陡坡上的最佳角度。

高爾夫球也是洛克菲勒鍾愛、迷戀的一項運動。他還曾經和妻子開了這樣一個玩笑。洛克菲勒偷偷請來一位專業高爾夫球教練來教自己打球，而為了不讓妻子知道，球童就要幫忙把風，每當看到妻子朝球場走過來的時候，洛克菲勒就會躲在灌木叢中。

堅持幾周的練習之後，洛克菲勒在一次談話中故意說自己對高爾夫球運動很感興趣，並願意打一個作為嘗試。而結果讓賽迪很吃驚，一下子把球從平坦的球道上打到 160 碼以外的成績，讓妻子忍不地稱讚洛克菲勒：「約翰，我早就知道你學東西會比別人學得好！」

妻子的稱讚讓洛克菲勒對自己取得的小成績很滿意，可畢竟還是初學者的洛克菲勒在很多地方都存在嚴重問題。比如，洛克菲勒在擊球時右腳總是往裡擰，他便讓人製作了一個槌球拱門將腳固定起來；擊球時總是低頭，他便讓球童提醒他「低下頭去」；總是打側旋球，洛克菲勒請一位專業的攝影師抓拍他的擊球動作，並制定電影，仔細加以研究。如果說他打球就像在做事業也不為過！

I3·執著也可以挖到金礦

狼的忍耐精神讓狼獨立於眾生之中，牠們不是最強大的動物，但牠們絕對是自然界的強者。我們工作中就是需要狼的這種忍耐精神，只有先忍耐，才能再爆發。作為優秀的管理者，同樣要擁有如同狼一般的耐性。

從狼群的忍耐磨鍊中，公司管理者可以獲得很多益處，從而加強自身忍耐力的認識、培養及提高。不言而喻，忍耐力就是把痛苦的感覺或某種情緒抑制住、不使其表現出來的能力。它是意志頑強性的一個前提，兩者時常是聯繫在一起的。

一八八五年 5 月，一支勘探隊在俄亥俄州西北部的萊瑪鎮尋找天然氣時，竟然意外地鑽探出一片油田。而且儲量非常大，到那年年底，萊瑪油田附近一下子冒出 250 多個石油井架，數量繁多的井架一直延伸到印第安納州。

儘管該油田石油儲量很大，但美中不足的是，該地原油存在著一些棘手的問題，那就是石油在燃燒時會使燈上形成一層薄膜，這就影響了照明度，更要命的是，它的硫化物含量過高，會使機器受到腐蝕，同時還散發著一種難聞的臭氣味。

本以為能依靠這片巨大的油田贏來事業上的轉機，可如今看來還是任重而道遠啊！不過，洛克菲勒並不死心，仍對俄亥俄—印第安納的油田充滿信心。

一八八六年 7 月，洛克菲勒請來了著名的化學家赫爾曼‧弗拉希，洛克菲勒希望弗拉希能解決萊瑪石油存在的質量問題，讓他去掉原油中的異味，使之成為可以上市銷售的產品。

此時，標準石油公司正面臨著兩難的選擇：要麼相信弗拉希定會成功，同時將俄亥俄—印第安納交界處大片土地全都買下來；要麼是冒著失去大筆財富的危險，等弗拉希做完實驗再作決定。

儘管洛克菲勒向來行事謹慎，但這時他的膽量和遠見卻顯示出來了。他決心要在萊瑪油田上豪賭一把，於是做了一個大膽的決定：將俄亥俄—印第安納交界處大片土地全都買下來，這個決定馬上遭到董事會中大批人的反對。

為了和緩這個對峙，洛克菲勒提出：「我私人願意用三百萬美元的資金來投資這個項目，並承擔兩年的風險。如果兩年後弗拉希成功了，公司可以把錢再返回給我；如果失敗了，那就由我承擔一切損失。」最後，洛克菲勒依靠這個方式贏得了大家的支持。

接下來，洛克菲勒和標準石油公司花了數百萬美元買下了萊瑪油田，然後鋪設了輸油管道。因為當時這種「臭鼬石油」每桶只賣 15 美分，根本沒有市場，以至於公司不得不先把石油庫存起來，到一八八八年，庫存的石油存量竟達到了四千萬桶以上。

守株待兔，單純依靠弗拉希的研究是不夠保險的，洛克菲勒還同時積極地到處尋找這種難聞石油的新用途。他派出一批批推銷人員和技術人員去動員鐵路公司用石油代替煤炭做機車燃料，勸說旅館、工廠和倉庫用石油做燃料替換煤爐，但這些生意並未做大。

功夫不負有心人。終於，在一八八七年 10 月的時候，赫爾曼‧弗拉希依靠「氧化銅去硫法」成功地解決了萊瑪原油存在的問題，生產出了可供上市的煤油。洛克菲勒馬上買斷赫爾曼‧弗拉希的專利，公司也很快全力投入了石油生產中。

這一劑強心針使洛克菲勒恢復了活力，他開始進行石油行業前所未有的大併購。一八九〇年，洛克菲勒吞併了聯合石油公司和其他三家大型石油生產公司，控制了賓夕法尼亞和西維吉尼亞州 30 萬英畝的土地，從此一躍成了石油行業的頭號霸主。

I4・在競爭中，保持冷靜的人是贏家

多少個世紀前確保幸福和成功的準則今天仍舊適用。普遍真理是不受環境約束的，狼群的團隊精神和生存準則已被時間的考驗所證實。在多少個世紀裏，人與狼曾和平共處，彼此以敬畏而不是恐懼的目光看待對方。雙方都尊重對方的社會秩序和狩獵技巧。

一八八八年 3 月中旬，公司的主要成員都趕到百老匯大街開了緊急會議，而這種緊張的氣氛已經很長時間沒有出現過了。原來在石油市場上突然出現了一個很有力的競爭對手——俄國人。

標準石油公司在國內站穩腳跟之後，開始擴大海外市場，並取得了很大的成功。而自從俄國發現巨大的巴庫油田之後，美國在世界石油上的地位就受到了威脅。面對這種情況，如果壓縮國內過剩的生產能力，而供應國外的需求，這樣不假思索的「硬拼」顯然是十分不理智的做法。

為何說這是一個強勁的對手呢？洛克菲勒以前也對巴庫油田的情況做過了解，也對它的儲存量感到吃驚。

據說，二十世紀 70 年代，當巴庫那裡的石油工人打開了油田之後，伴綠著震耳欲聾的轟鳴聲，黑色的煙直衝雲霄，有人說隨其噴湧

而出的石油噴了好幾個月才被控制住，有一口井在最初的 24 小時內竟然噴出二千四百噸原油。

　　依靠著巨大的石油儲存量，在巴庫油田競爭中勝出的是一對名叫諾貝爾的兄弟，這是兩個出身瑞典貴族的商人，涉足煉油業不久，他們便顯示出與一般人不一樣的經商水平。依靠巨大的石油產量、優質的石油質量、良好的公司管理和足夠長的石油管道，諾貝爾兄弟的石油已經控制了英國 30％的市場，甚至還向其他地區擴張。

　　了解到對手這些信息之後，洛克菲勒和同伴們開始制訂防止他們入侵的計劃。他們沒有魯莽地採取硬拼的方式，而是多管齊下，以絕對的優勢來取勝。

　　可是，這邊還沒有徹底應付諾貝爾兄弟的入侵，那邊又崛起了英國的羅斯柴爾德男爵為首的煉油集團。同樣強勁的競爭對手出現在洛克菲勒面前，一個也是對付，兩個也是對付，洛克菲勒繼續執行既定的計劃。

　　第一，繼續加強標準石油的質量，通過質量取勝，穩住忠實的顧客。而且依照當時他們的工藝水準，要打敗俄國諾貝爾兄弟和羅斯柴爾德家族有著足夠的把握。

第二，憑藉萊瑪雄厚的石油儲備，可以幫助洛克菲勒在這場競爭中處於優勢地位，即使原油跌價，他們也不怕。洛克菲勒還將石油散裝在耐火的大油槽中運到歐洲，在當地裝桶後再以該地區的價格對外銷售。這樣一來，洛克菲勒就主動降低了石油價格。

　　第三，構建完善的分銷系統。通過削價戰術贏得這場戰爭的勝利。而分銷系統在這場戰爭中，同時也會為公司創新型的營銷局面奠定堅實的基礎。於是，標準石油公司的第一個海外分支機構——英美石油公司宣告成立，並很快在英國占據了有利市場。接著，他又在鹿特丹建立了一個石油輸送站，簽訂了一個向法國供應所需全部石油的合約，買下了意大利、荷蘭與斯堪的納維亞石油公司的部分股份，還在亞洲印度的市場上策劃了一場激烈的價格戰。

　　經過一番競爭後，洛克菲勒終於將以便宜聞名的俄國石油阻擋在美國大門之外，使國內市場免遭俄國石油的侵襲。而諾貝爾兄弟和羅斯柴爾德家族的石油質量也無法與標準石油相媲美，另外，這兩個競爭對手在公司管理方面也只能屈居人下了。

15 · 要找出問題點，而不是找藉口

狼群賴以生存、得以發展的法寶是其嚴格的等級結構和權威性，細細審視，原來狼群的社會結構與現代公司的組織結構有著諸多的類似之處。學習狼的智慧，我們也能在現實生活中得到「智慧、勇氣與不可思議的狩獵技巧」。

發明大王愛迪生說過一句經典：

「要替別人尋找藉口，但千萬不要為自己找藉口！」

休斯頓是洛克菲勒公司的銷售經理，在他任職期間，曾遭受過一次比較尷尬的境況。他剛上任沒多久，公司的銷售量便急劇下降。為了挽回這個形勢，休斯頓召開了一次銷售大會，要求所有的銷售人員全部參加。

首先，他讓幾個比較優秀的銷售員講述一下銷售下跌的原因，幾乎每一個銷售員都在抱怨現在的商場環境，抱怨資金缺少，抱怨時局不好。

休斯頓聽了之後皺了皺眉頭，便說道：「停，大家先休息十分鐘，我得先擦一下皮鞋。」

然後，他便讓人將負責擦鞋的一個黑人小男孩叫了進來。在場的

銷售員被休斯頓的這一舉動驚住了，他們不知道休斯頓這麼做的原因是什麼？小男孩將皮鞋擦好後，休斯頓給了他五毛錢的的報酬，並開始自己的演說。

他指著這個小男孩說：「大家應該都認識這個小男孩，他承包了我們公司所有人的擦鞋權，而在他之前，是一個比他大很多的白人。雖然那個時候公司每星期都會給那個白人五美元的補貼，再加上公司幾千個員工，這些費用都不夠他的日常開銷。後來，這個小男孩代替了那個白人。他不僅不要公司補貼薪水，而且每周還會積攢下一部分錢。他和那個白人的工作環境是一模一樣的，也都在同一家公司工作，服務的對象也都是一樣的。那麼，為何這個小男孩可以賺到足夠的錢，而那個白人卻不行呢？這是環境的錯嗎？還是誰的錯？」

推銷員們都不約而同地說：「當然是那個白人的錯。」

休斯頓聽後，說道：「正是這樣，而你們也是一樣。你們現在所銷售的東西和上年一模一樣，你們工作的環境也和上年一模一樣。在同樣環境、同樣條件下，你們的業績卻遠不如上一年，這又是誰的錯呢？環境嗎？」

銷售員聽後，又說道：「當然，這是我們的錯。」

於是，每個人都開始發表了自己的受挫原因，並提出檢討。

在這個故事中，銷售部的這些員工們將銷售業績的下滑全部都歸結到自己所在的商業環境、當下時局上，卻沒有從自身上尋找滿口問題。雖然說每一個公司的老闆都喜歡那些可以完成工作任務的優秀員工，但是他們也喜歡那些沒有完成任務但能夠勇於承擔責任的員工。

藉口往往是懶漢自找下樓梯階的工具！

所以，我們都不要把過錯推給環境，也不要用藉口來掩蓋事實，我們要勇於承認錯誤，看清眼前的事實，找到自己的不足，以尋求更好的發展。只有這樣的員工才是老闆所想要的，也是一個人事業生涯中所必不可少的。

16 · 商業機密的作戰方式

　　洛克菲勒是一個非常敏感的人。隨著公司規模的不斷擴大，他的保密意識也越來越強，甚至可以將其稱為多疑症。

　　有一天，洛克菲勒看到自己的下屬正在和一個陌生人談話，於是他就站在一邊等候。等陌生人走後，他就上前詢問自己的下屬，陌生人是什麼身份。雖然下屬再三表示那個陌生人就是自己的朋友，談的也是和公司無關的事情，但是洛克菲勒還是叮囑，說：「說話的時候一定要小心，你一定要弄清楚他來我們公司做什麼，千萬別讓他找到對我們不利的任何東西。」下屬則回答：「老闆，他只是我的朋友。」

　　洛克菲勒又說道：「或許是這樣吧，但是也不能大意，畢竟誰都不能肯定。所以我們要小心，再小心。」就這樣，在下屬的再三保證下他才離去。

　　在收購競爭對手公司的時候，洛克菲勒則更加注重保密。收購之後，他要求原有公司依然使用自己的名稱營業，而且還不准對人透露被標準石油公司收購的消息。他甚至還要求，被收購公司還是使用原有的信紙並設立秘密的帳戶，不要讓人知道與標準石油公司的關係。

　　在和標準石油公司聯繫的時候，被收購公司也被要求使用密碼或

者是假名進行。

　　另外，他還警告那些被收購的煉油廠主們，千萬不能對外界透露自己所得到的巨額財產，以免讓外人看出端倪。

　　還有一次，為了和一位克利夫蘭的煉油廠達成收購協議，他還在晚上將這個煉油商請到自己的家裡，並且對煉油商說：「對於這一份合約，你一定要保密，就連你的妻子都不能說。以後你掙了更多的錢，也不要讓外人知道。出去的時候千萬不要講排場，也不要賽馬，否則容易讓人看出馬腳。」

　　因為這般秘密的交易，以至於標準石油公司的上層人員擔心，假如某些被收購老闆突然離世，那麼他的兒子時南有可能會認為自己擁有本來工廠的繼承權。

　　不過，因為有前老闆的親筆簽名的收購合約。所以，在正式合拼時，也沒產生什麼糾紛。

　　但不管怎樣，正是在洛克菲勒如此周密嚴謹的生意態度下，才促進了他的石油王國的興起，才奠定了自己石油霸主的地位。

　　所以，要想成為一個成功的企業者，就應該注重對企業機密的維護，注重培養員工的保密意識，不能讓秘密成為威脅公司的潛在武器。只有將企業的機密維護好了，你才可以無後患地去和商場上的競爭對手打交道，才能夠放心大膽地實施自己的商業計劃，建立自己的商業王國。

17・預見風險的能力：觀察力

公司中的每一個員工，事實上與自然界的狼一樣，如果你試圖只依靠自己的力量，而不借助他人的幫助，你是很難成功的，特別是在充滿競爭的環境中。當每一個員工真正具備「狼性」，那麼這個公司也必定像極具殺傷性的狼群一樣所向無敵。

預見的能力也稱做洞察力。

是指一個人經由多方觀察事物，從多種問題中把握其核心的能力，它能迫使你去抓住問題的實質，而不只是看到外表的現象，缺乏洞察觀察力的人往往只會見樹不見林，成不了大的格局。

石油被開發出來，人們認識到它的價值之後，幾乎人們是一擁而上，擠著邁進石油行業的門檻，一時間開店鋪的老闆、打鐵的師傅、莊園的園丁，只要是稍微有些資金的人都成了石油老闆，開辦一家煉油廠的成本也不斷下降，1000 元竟然就能開個像模像樣的煉油廠。

有著敏銳商業嗅覺的洛克菲勒不可能沒有注意到這個新興的致富產業，不過向來謹慎小心的他還是決定先做一番調查。

那個秋天，洛克菲勒一個人騎著馬來到泰特斯維爾南部的一個油城，在這裡他發現，絡繹不絕的馬車源源不斷地向外運送著石油。抬

頭向遠處望去，盡是豎立著的井架，山上的樹木也早已經被砍光，新開闢的土地被用來建屋搭棚了。每個石油開採者廠子前面的生活用具、挖井設備都雜亂不堪地堆放在地上，儘管這裡烏煙瘴氣，但是看來產油商已經形成一定規模了。

白天結束後，洛克菲勒在筆記本上認真地寫下：油井 72 座，日出油 1165 桶。晚上住在旅館的他也是細細地閱讀著每天的報紙，他需要知道農產品的價格變動以及石油的行情。就這樣，12 天的考察結束後，洛克菲勒騎馬回到了克拉克‧洛克菲勒公司。

克拉克一臉焦急地等待著：他看著周圍人們靠著石油都發了財、致了富，心裡早就已經按捺不住了。

不過，克拉克卻未能如願，甚至還被洛克菲勒潑了冷水。洛克菲勒告訴克拉克，現在還不是投資石油業的好時機，因為人們對石油的用途知之甚少，市場需求量極小，但是油田的產量很大，這樣不平衡的供給關係，必然導致石油價格下跌。

克拉克不解地大聲質問洛克菲勒：「之前，你不是說石油行業很有潛力嗎？」

洛克菲勒解釋道：「沒錯，石油業是很有潛力。不過現在不是投

資的合適時期，不信我們等等再看看。」

　　事實也證明洛克菲勒的先見之明，到那年年底，石油的價格已經跌到了 1 加侖 0.22 美元。而第二年春天，賓州的石油開採規模還在繼續擴大，鑽井已經達到了 200 座。但克拉克完全不顧這種形勢，又一次急切地催促洛克菲勒，打算著手進入石油行業，結果還是被洛克菲勒拒絕了。

　　接下來，石油業在和尚比粥多的情況下，就發生了急轉直下的變故，下半年的時候，賓州油城的石油開採商只剩下不到 20 家，開採商數量的銳減使那些想在石油行業分一杯羹的人都灰溜溜地離開了，這次克拉克也不再吵鬧了。

　　洛克菲勒之所以能夠準確地預測到石油行業的發展前景，那是因為洛克菲勒對該地油城進行了詳細的實地考察。此外，洛克菲勒還有不同於常人的分析能力，他認為，石油產業作為一個新興行業，還沒有經過市場的洗禮，那麼此時該行業一定是風險大於財富的。

18・擒賊擒王

　　在洛克菲勒進入石油業初期，他身邊滿是各自為戰的小石油生產商，大家占地為營，進行著毀滅性的競爭，無序競爭的結果是石油價格猛跌，絕大多數煉油商做著虧本買賣，還有很多商人正往破產的深淵慢慢滑去。

　　為了遏制這種無序競爭，同時讓其他商家擺脫經營困境，使他們的腰包鼓起來，洛克菲勒決心通過兼併小廠商來實現這些想法。起初，計劃進行得還算順利，洛克菲勒主要是通過交換股份的方式來將這些小廠商收歸旗下。當然，有些人並不喜歡持有標準石油公司的股票，他們更喜歡實實在在的現金。沒問題，洛克菲勒也為他們提供了合理的收購價格和充足的現金，可是很快這些拿現金的人就開始後悔了，他們發現標準石油公司的股票潛力更大。於是，這些不守誠信的人們不顧條約規定，又一次投資設廠，並希望洛克菲勒能再次收購他們，這一次他們會選擇標準石油公司的股票。

　　事情可沒有這麼簡單，洛克菲勒嘗到背叛的滋味後，沒有再發善心去幫助他們。這一次的事情也讓洛克菲勒明白了：在商界，根本就沒有好人的存在，你也不可以去做好人。因為最後，你的好心只能成為他人利用的對象而已，要想真正實現自己的計劃，還需要換一個另

外的方式。

　　這一次，洛克菲勒以大企業為目標，主動向他們發出信號，並約見了當時除標準石油公司外實力最強的克拉克・佩恩公司，這也是洛克菲勒當時最強勁的敵手。克拉克曾經和洛克菲勒合夥開過公司，佩恩則是洛克菲勒中學時期的同學。

　　面對佩恩時，洛克菲勒和他說明了，石油業混亂、低迷的競爭時代該結束了。同時，為了保護這個無數靠它生存的家庭，我們應該建立一個大型的、高效的石油公司，我真心希望你能加入。審時度勢的分析和真心誠意的邀請打動了佩恩，佩恩同意以 40 萬美元的價格出售公司。

　　佩恩的加入起了很好的示範作用，而且加上佩恩公司，標準石油公司的市場份額明顯加大，洛克菲勒對那些小公司也就不過分重視了。經過這麼一番計劃，那些想要再掀起風浪的小公司也只能乖乖地順從了。最終，洛克菲勒成了這場收購戰的大贏家。

19・反托拉斯法

　　一八九二年，盛極一時的標準石油公司被解散了，其後，洛克菲勒移花接木地將總部遷到了新澤西州，但這沒有阻止後來接踵而來的司法糾紛。

　　一九〇六年，對洛克菲勒來說是很難忘的一年，而早在一九〇五年，聯邦政府在密蘇里州就依照《謝爾曼反托拉斯法》起訴了標準石油公司。洛克菲勒、威廉、亨利、弗拉格勒等人都成為眾人攻擊的對象，法庭給這些人的罪名包括收取鐵路回扣、濫用輸油管道壟斷權、制定掠奪性價格等。

　　現任政府的政策傾向使法庭給了洛克菲勒以及標準石油公司擺脫不盡的法院傳票。儘管掌握著大量股份，但洛克菲勒早已沒有對標準石油公司的絕對控制權，而阿奇博爾德卻始終沒有同意洛克菲勒卸任標準石油公司名義總裁的辭呈，所以，洛克菲勒不得不接受外界更多的責難。

　　已經 68 歲的洛克菲勒顯然對這些傳喚忍受不了了，為了避免和法官打交道，他甚至躲在女婿帕馬利家中，而且嚴格要求家人不能對外人透露他的行蹤，在與家人進行書信聯繫時他也用帕馬利的名字。

　　在「失蹤」的那些天裡，不僅新聞界在猜測洛克菲勒的去向，連

很多朋友都不知道他的行蹤。這種「捉迷藏」遊戲，是出於洛克菲勒的一種無奈，也是洛克菲勒自我保護的一種方法。

直到洛克菲勒的律師說，只要在芝加哥一案中出席作證，就可以獲得「證人起訴豁免權」。這樣的話，在後面更為重要的聯邦反托拉斯案件中就可以很好地保護自己，免於被起訴了。聽到這些後，洛克菲勒毫不猶豫地主動現身，處理法官手中的傳票。

但法官是知道這條法律中的漏洞的，為此負責此事的法官已經和洛克菲勒見過一面了，為了能更好地應付這些人，洛克菲勒集中公司的律師們，開始集思廣益。本想依照以前的老辦法，通過含糊的回答和不配合的方式來應付這次審理，只不過這個方案被最年輕的律師羅伯特給否定了。在羅伯特看來：「這不是以前的時代了，與其用拒絕交出賬簿這種行為，還不如直接出庭。洛克菲勒先生，我認為您和其他公民在法律面前沒有任何的不同，如果我是您，我會選擇出庭。」

儘管這句話聽著很刺耳，不過洛克菲勒還是接受了這個建議，並且為出庭做了很充分的準備。洛克菲勒在法庭上朗讀的含糊不清、推諉扯皮的「演說詞」就是其事先做好的練習。果然，拖拖拉拉、前言不搭後語的說辭不能使法官得到任何有價值的證據，而洛克菲勒則從

極不情願的法官手中獲得了自己想要的免於刑事訴訟權。

　　洛克菲勒知道，那些輸得一敗塗地的法官們不可能就此罷休，更不可能放棄對自己無休止的糾纏。果不其然，芝加哥案件一個月後的一場審判中，法庭給洛克菲勒送達了一張 2914 萬的罰單！這在當時可謂是法庭開出的最高罰款額度，就連著名的作家馬克‧吐溫都驚訝地說：「這真是一筆很巨大的罰款啊！」

　　雖然洛克菲勒平靜地接受了這筆罰款，不過洛克菲勒卻狠狠地撂下了一句話：「等不到罰款付清，開出罰單的那個混蛋，肯定會就此完蛋的！」

　　事實也正如洛克菲勒預言的那樣，因為這份站不住腳的判決，一些正義的人士對法庭的判決很是不滿，他們強烈抗議將每車皮石油單獨定罪的做法。後來，這一決定傳到老羅斯福總統耳裡，他氣瘋了，馬上撤除那名法官的職務，洛克菲勒不愧是商場的老狐狸，他又逃過了一劫，險勝而出！

20·「把洛克菲勒吊死！」

本章最後，我們還有來說一段軼事——

一八七二年 2 月 26 日，油溪人驚恐地發現，鐵路的運營價格在一夜之間對用戶竟然上漲了一倍。而這些用戶中，並不包含匹茲堡和費城在內的特權分子。人們發現，這些特殊的群體都屬於一個叫「南方發展公司」的實體，而南方發展公司的幕後獨裁者便是洛克菲勒。

鐵路運營上漲，對於那些煉油商們可謂是一個天大的打擊，就相當於堵住了他們賺錢的道路啊。於是，他們聯合起來，走上街頭，去抗議這種「慘無人道」的手段。後來，洛克菲勒還回憶說：「人們四處集會，到處都是抗議聲。」

為了報復南方發展公司，他們組成了石油生產同盟會，並且決定只把原油賣給油溪一帶的煉油廠。他們還組織一小部分居民，在周圍的幾個小城鎮裡抗議巡回。不得不說，這一段日子，火藥味十足。

洛克菲勒的名字被印在《石油城鑽架報》的頭版，在名字的一邊還印製著一句煽動的話語：「請看這些蟒蛇的醜惡嘴臉。」也正是在這一次浪潮中人們才知道了洛克菲勒的大名，因為在這些煽動者中不少是洛克菲勒的死敵。為了激起民眾的憤怒，這些死敵將洛克菲勒單獨拉出來抨擊和辱罵。於是，也有一群暴徒跑到公司門口抗議高喊：

「把洛克菲勒吊死！」一時間，洛克菲勒的名聲急下。

　　為了確保洛克菲勒的安全，石油公司還特地派了兩名雇員，日夜守衛在洛克菲勒的辦公室外。希普是洛克菲勒的合作夥伴，他說，那一段時間，局勢很是緊張，一些朋友見了他，都不敢和他說話，甚至還有人用暴力威脅自己。

　　另外，一些鬧事的人，還燒掉了洛克菲勒旗下的鐵路公司，砸毀了公司的油罐車，甚至還毀掉了一段鐵軌。

　　不過，這些恐嚇和抗議並沒有讓洛克菲勒恐懼。他將油溪看作是人間地獄，急需要一名強者出來統治和管理。而在洛克菲勒看來，自己的這一想法是無可挑剔的。他認為自己是有理的，所以在那麼長的時間裡，他都沒有理會過在門外的記者。

　　那一段時間，他在住所和辦公室周圍都布控了警察，在他的床頭邊還放置了一把左輪手槍。

　　晚年時期的洛克菲勒再次回憶起這起事件時，曾遺憾地說：「當初不應該保持沉默的。沉默對你而言是因為沒有必要，而對別人來說可能就認為是你心中有愧，所以才不出來辯駁的。」

第四章

出色的父親

洛克菲勒の思維

我不靠天賜的運氣，我靠策劃運氣發展

忍耐是一種策略，也是一種性格磨練，它孕育好勝之心。

全面檢查一次，再決定什麼是最好的計劃。

自作聰明的是傻瓜，懂得裝傻才是真聰明。

知識是外在的，智慧是內涵的，兩者兼備才是完善的。

每個人都是他自己命運的設計者與建築師。

目的是我領導的依據，而目的就是一切。

Ⅰ·節儉是一種習慣

　　洛克菲勒一生有五個兒女。毫不誇張地說，在這五個兒女未成年之前，他們一直認為自己是生活在貧窮家庭中的。因為，洛克菲勒巧妙地掩蓋了他富人的身份，掩蓋了家中富可敵國的財富。而這五個孩子在成人之前，甚至都沒有到過父親的辦公室，更沒有見過父親的公司或工廠。洛克菲勒之所以這樣做，為的就是給他們灌輸貧窮的意識，催促他們努力自立。

　　在家裡，洛克菲勒通過制定一系列的規矩，使孩子們有了很好的節約意識和勤勞觀念。比如，孩子們要想得到零用錢可得到，就必須做家務：打一隻蒼蠅可以得到 2 分錢，幫人削鉛筆可以得到 1 毛錢、在院子拔草可得到 1 塊錢、修理家具可得到 1 塊錢等。孩子們為了賺取更多的零用錢，只能拼命地幹家務，爭著做家務。不得不說，在這種過程中，洛克菲勒很好地刺激了孩子們想要賺錢的野心——想要改變自己生活狀況的野心。

　　有一次，洛克菲勒對 13 歲的女兒說：「如果你能夠監督大家節約使用煤氣，那麼每月煤氣預算中所節省下來的錢就是你的報酬。」從那之後，13 歲的小女兒經常四處溜達，只要看到有人在使用煤氣燈，她都會主動上前將其關小一點。

　　（編按，以前馬路邊或私人庭院的煤氣路燈，都是將煤油裝在容器內，然後才用小打氣筒打進空氣加壓，促成煤油蒸氣燃燒，調整氣閥大小，即可調整煤油用量。）

　　洛克菲勒的兒子小約翰後來回憶說，他小時候一直認為家裡是一貧如洗的，而且在 8 歲之前，他甚至一直都在穿裙子，因為裙子是他四個姐姐剩下來的。而也正是因為父親這樣的教育，才使得他們有了努力和改變的信念，才有了賺錢的欲望和野心。

2 · 人生的起點不代表終點

前面提過，洛克菲勒的資產幾乎遍布全球。為了防止子女們不思進取，在他們學業畢業之前，他們根本就不知道自己生在一個這般富裕的家庭裡面。

不過，等到他們畢業之後，洛克菲勒倒也毫不吝嗇地，用他的方式來幫助他們。

小約翰從學校畢業之後，便被洛克菲勒帶進了標準石油公司的紐約總部，成了自己的助理，並且將自己手下全部的資產都拿給小約翰看，讓他知道自己將是這些資產的繼承人。也就是從這個時候起，小約翰才算是真正了解了自己家族的實力。

洛克菲勒對小約翰說：「我把你帶到這裡，無非就是給你一個人生的最高起點，減少你跋山涉水的辛苦。希望你在不久的將來就能夠超越我，能夠卓爾不群。」

隨後，洛克菲勒繼續對小約翰說：「巨額的家產和高的起點對你來說並沒有什麼可驕傲的，因為這是你父母努力的結果。要知道，當你的父母站在高山頂的時候，你絕對不可能站在山腳下，而當你的父母站在山腳下的時候，你也不可能站在山頂上。因為，在大多數情況下，父母的位置就決定了你的人生起點。

　　「但是，你也要知道，人生起點的不同，並不能決定結果的差異。在這個世界上，並沒有起點決定結果的故事，有的只是我奮鬥、我拼搏的真理。一個人的成功是由行動決定的，而非起點決定的。」

3・小約翰貪心的下場

　　有一回，洛克菲勒和小約翰在院子裡逮麻雀。洛克菲勒給小約翰做了一套捕鳥的工具，用木棍將一個像箱子模樣的東西支起來，下面撒了一些食物，木棍的頭上還繫著一根繩子，繩子的另一頭在他們的手中。只要麻雀進來吃東西，他們一拉手中的繩子，就能夠將裡面的麻雀一網打盡。

　　箱子剛支起來，便有一群麻雀飛過來了，足足有九隻。不一會兒的工夫，便鑽進去了六隻。洛克菲勒告訴小約翰，可以拉繩子了。可是小約翰卻說：「再等一會兒吧，等到全部進去我們再拉。」

　　一會兒後，箱子底下的六隻變成了四隻，洛克菲勒又說道：「現在可以拉繩子了。」

　　可小約翰還是說：「再進去一隻，只要一隻我就拉繩子。」

　　又過了一會兒，箱子底下還剩下一隻。小約翰有些慌張了。洛克菲勒又說道：「兒子，如果你現在拉繩子，最起碼還捉住了一隻。」可小約翰卻有些不甘心，他說：「應該還會進來幾隻，再等等吧。」

　　最後很顯然，小約翰一隻麻雀也沒有逮到。洛克菲勒看著沮喪的小約翰，語重心長地勸解道：「兒子，人有貪心是好事，可是貪心又是無限大的，如果你被貪心束縛住，你不僅不會掌控住貪心，你還會

成為它的奴隸。所以，有些時候，欲望太多也並非好事，長大之後，你要學會克制。」

洛克菲勒曾經說過：貪心是一件好事，每個人都可以有貪婪之心，正是因為有了這些，我們才會看到生活的希望，才想要改變當下的現狀。可是，貪欲卻是永遠無法滿足的，如果你過分地貪婪而不加節制的話，你也就變成了貪欲的奴隸，它甚至會督促著你用乞討的方法去占有，去巧取豪奪。

4．伊麗莎白的彷徨

　　大女兒伊麗莎白，有一次問洛克菲勒說：「父親，我不知道十年後的自己會做什麼？」

　　洛克菲勒思索了一會兒，說道：「女兒，要知道，有你這般苦惱的人並不在少數。很多年輕人都面臨著和你一樣的抉擇。我能理解，這是每個人都需要經歷的困惑期。在這一時期，你們從外界所能得到的可靠的、確切的消息很少。就好比，你還沒有弄清楚什麼是工學、力學，怎麼就能成為工程師呢？你想要做醫學家、律師，可你對醫學、法學的瞭解又有多少呢？」

　　伊麗莎白聽了之後，又疑惑地問道：「那我怎樣才知道自己喜歡什麼職業呢？」

　　洛克菲勒看著女兒說道：「關於職業的選擇，其實還有一個捷徑。就是在你身邊，可以有一個隨時對你進行指點的人，並且對你感興趣的工作不惜時間和精力地給予幫助。你要明白，以前人們的觀念是女人只能待在家裡，而如今，很多的女性已經走向了社會，走向了工作崗位。幾十年前，我在學習的時候很少碰到專業的女性，但是現在女性卻奔波在社會的各個領域。所以，社會上所有的領域，都是你應該思考的對象。」

伊麗莎白更加疑惑了：「那麼父親，我到底該怎麼做呢？」

洛克菲勒繼續說道：「十年之後對你來說還是很遙遠的事情，不過你可以想像一下什麼樣的工作會讓你感到幸福快樂。然後在這樣的前提下，給自己做一個詳細的計劃，並且綜合其他的因素，做出一個表格。當你挑選出幾個你喜歡的職業時，我會和你一起將它們壓縮成兩三個，然後再做一個計劃。我和我的朋友們會給你提出最有用的建議，以免你犯我們年輕時的錯誤。這個計劃完成的時候，也就是你充滿信心、滿懷希望的時候。要知道，計劃完成的時候也就是你成功的時候。」

伊麗莎白聽得很入迷：「父親，我好像明白了，而且我想我已經有一個初步的想法與計劃了。謝謝您。」

5·伊麗莎白的猶豫

有一次，伊麗莎白在一場巴黎新產品發表的博覽會上，她原本對奪得產品專賣權是有著極大信心的，但是卻因為她一個小時的延誤而錯失了良機。

由此，伊麗莎白顯得十分懊惱和悔恨。這時，她想到了自己的父親——睿智的洛克菲勒。對於伊麗莎白的失利，洛克菲勒也感到非常的遺憾。因為不管是天時還是地利，伊麗莎白都占有絕對的優勢。

「父親，對不起，我以為只有做好充分的考慮之後才能下決定。」伊麗莎白十分抱歉地說。

洛克菲勒安慰道：「我的女兒，你不需要抱歉什麼，我知道你已經盡力了。不過，通過這件事情，我還是想要告訴你，在商場上，最大的缺點就是猶豫不決，沒有果斷的判斷力。如果僅是一味地考慮，這無疑是事業上的一大損失。事實上，很多人都是因為過度的猶豫而白白錯失了眼前的機會。」

伊麗莎白又說道：「那父親，以後我該怎麼做呢？」

洛克菲勒耐心地開導著情緒低落的女兒：「我的女兒，以後在做出決定之前，萬不可把時間浪費在不安和猶豫上。面對這種情況，你唯一的做法就是做出決定。決定做出來了，你的擔心也就算是落地

了。而且只要你做出了決定，就不要再思前想後擔三掛四的，白白給自己找麻煩。」

不過，伊麗莎白還是很沮喪地說：「父親，我應該辭職，我承認我失敗了，我要負責任。」

洛克菲勒聽後沉思了片刻，說道：「失敗，最主要的原因就是猶豫不決、優柔寡斷。不過，與其看著機會白白溜走，還不如嘗試一番之後再讓它溜走。要知道，不管什麼人，都無法保證自己是永遠勝利的那一方。在商界也是一樣，只要你敢嘗試，你就不是一個失敗者。

「不過，這一次的失敗，也給了你進步的機會，讓你看清了自己的缺點，看清了自己不足的地方。更加值得慶幸的是，當你了解到自己的缺點時，就會減少在下一次競爭中所犯的錯誤，增加下一次競爭的勝利機會。好吧，我的女兒，你現在要做的就是趕快去抓住下一次機會，不要再讓你的猶豫不決放走了下一個成功的機會。」

在父親的勸導下，伊麗莎白低落的心情總算有了緩解，也打消了辭職的念頭，並遵從父親的意見，只能整裝待發，等候下一次時機的到來。

6・不要讓自己忘了「思考」

這一天，伊麗莎白和丈夫馬克來到父親洛克菲勒的面前，帶著一如既往的笑容，告訴洛克菲勒他們將會去海邊進行一場愜意的旅行。

顯然，洛克菲勒對他們的這個決定很不滿意，甚至有些生氣，他叫住伊麗莎白，嚴肅地問道：「你最近是不是應該在競選新一輪公司總經理上面做些準備？」

很明顯，洛克菲勒的這句話直戳伊麗莎白的內心，她的態度立馬不一樣了：「爸爸，我想先放鬆一下，最近的工作讓我忙得有些精神錯亂了。」

「你這樣就是逃兵的行為。你也知道，我最不喜歡逃兵了。」洛克菲勒情緒有些激動。

伊麗莎白辯解道：「我不是做逃兵，我只是想進行短時間內的調整，是為了以後有更好的工作狀態。」

洛克菲勒搖搖頭：「現在明顯不是旅遊的最佳時間，你們公司的總經理還有六個月的任職時間，我知道你一直用很高的標準要求自己，能走到今天這一步亦是你付出很大努力得來的。可如今實現目標的機會來了，我認為，你應該想方設法地把這個機會抓住。」

「爸爸，您不了解我的苦衷，也許我不夠資格勝任這份工作，而

且我也不想再多操心了，馬克已經受不了我的失眠了。」伊麗莎白再次解釋道。

聽到這裡，洛克菲勒的語氣緩和了很多：「抱歉，伊妮，我不知道你的這些情況。不過我還是忠誠地給你建議，對於已經習慣挑戰的你來說，競爭新任總經理，不算什麼難事。要知道，總經理和你現在的工作內容很相似，只不過是規模稍微大了些，但是我相信憑藉你的能力，你完全可以在人事、組織上面發揮你的才能。不要忘了梭羅的那句話『最可怕的就是恐怖心理』。」

「我感覺自己有些力不從心，真的，爸爸。」伊麗莎白繼續做著蒼白無力的回答。

洛克菲勒為伊麗莎白的情況做著分析：「工作繁忙可能跟某段時間內的業務量有關係，跟你對工作操作的熟練程度有關係，還可能跟你任務布置有關係。所以，你這段時間力不從心的表現可能跟最近工作業務量太大、你對新流程掌握不夠徹底有關，還可能是因為你將所有工作都攬到自己身上，沒有很好地交給下屬去做，要記住，越是耗費時間的事情越要交給下屬去做。」

伊麗莎白若有所思地點點頭。

「你之所以這麼勞累，以至於要放棄長期以來的遠大目標，主要是因為你沒有做獨立的反省，也沒有著力培養得力的下屬。特別優秀的人都是在一周的工作時間內拿出一天時間做反省思考，同時根據結果制訂後期的工作計劃。而培養得力助手則能有效地幫助自己處理一些繁瑣的事情，為自己騰出必要的時間。而職位越高，思考就愈發重要，所以，在高職位的你要想遠離身心疲憊，你就需要一個聰明的大腦，需要找到你的著力點，為自己減輕負擔。」

「爸爸，我明白您的意思了，不過我還是稍微有些擔心，怕不能很好地勝任這份工作。」

洛克菲勒沒有直接回答女兒，而是徑直走向書架並取下一本書，翻開來指著一句話讀給伊麗莎白聽：

「與其生活在既不勝利也不失敗的黯淡陰鬱的心情裡，成為既不知歡樂也不知悲傷的懦夫的同類者，倒不如不惜失敗，大膽地向目的挑戰，奪取輝煌勝利，這要可喜可賀得多。」

7・伊迪絲的辦公室

洛克菲勒曾經說過：「我們追求完美，但是人類的事情沒有一件絕對完美，只有接近完美。等到所有條件都完美以後才去做，只能永遠等下去，並將機會拱手讓給他人。那些要等到所有事情都已經準備妥當才出發的人，將永遠也離不開家。」要想變成「我現在就去做」的那種人，就必須停止一切白日夢，時時想到現在，從現在就開始做。諸如「明天」「下禮拜」「將來」之類的句子，跟「永遠不可能做到」意義相同。

伊迪絲是洛克菲勒的小女兒。有一段時間，伊迪絲的精神一直處於緊繃的狀態，神情緊張，情緒也是煩燥不安。洛克菲勒見狀，便為她請來了一位心理醫生。

伊迪絲對這位醫生訴說了自己這一段時間的痛苦。在這期間，這位醫生總共接了三個電話，而且每接到一個電話，就會立刻處理電話裡所交代的事情。事情處理完畢後，這位醫生對伊迪絲說：「很抱歉，一直耽誤您的時間。」

伊迪絲卻顯得非常輕鬆，說道：「醫生，我理解的。通過這十多分鐘的相處，我似乎已經知道自己焦慮的源頭了。看來，我是要改變一下我的工作習慣了。不過，在我離開之前，我是否可以有幸參觀一

下你的辦公室呢？」

　　這位醫生很爽快地就答應了。伊迪絲看到醫生的辦公桌上除了電腦和幾支筆以外什麼都沒有，她好奇地問道：「醫生，您要處理的文件都放在哪裡了？」醫生回答道：「我已經全部處理完了。」伊迪絲又問道：「那需要回覆的郵件呢？」醫生說道：「收到郵件之後，我會第一時間就給予回覆。」

　　一段時間後，伊迪絲邀請這位心理醫生去參觀自己的辦公室。

　　伊迪絲一邊介紹著自己辦公室一邊說道：「醫生，您知道嗎？在認識您之前，我這裡有三張辦公桌，上面堆滿了需要處理的東西。可是在和您談話之後，我突然明白了：不管什麼時候，都應該現在去做，不能積壓。所以，我回來後便立刻處理了一些積壓的信件和文件。你看，現在我只留下了一張辦公桌，不會再有多餘的文件了。而這樣也讓我的精神放鬆了許多，我的焦慮和緊張也已經好了。」

8・狼的啟示──人生不能逃跑

　　洛克菲勒的生活似乎永遠都是那麼充實，他每天按部就班地收拾上班，閱讀兩大卷資料。即便在這樣高強度的工作下，洛克菲勒還會利用任何一點空餘的時間去思考工作上的事宜：他在坐車去公司的途中，還會寫下需要記憶的事情。有人說洛克菲勒的地位已經是無人可憾動，大可不必這樣。可是在洛克菲勒看來，任何時刻的靜止都可能給對手超越自己的機會。

　　後來，洛克菲勒年紀大了，身體也一天不如一天，他只能離開他喜愛的工作，在家賦閑靜養。他養花種草，打球騎馬，過著閑雲野鶴的生活。此後，有了自己的孫子、孫女後，教育孩子又成了他主要的工作之一。

　　在和孩子們交往的過程中洛克菲勒發現，這些孩子根本就沒有對外界事物的抵抗能力，他們更是缺乏認識大自然的機會，對於一些野外的競爭事物更是知之甚少。於是，洛克菲勒便時常帶著自己的孫兒到他在郊外建造的一所別墅中去，希望在那裡可以讓孫兒的眼界開闊一點。

　　在別墅那裡，洛克菲勒可以帶著孩子們到不遠的森林去狩獵。那天他們收穫頗多：7 隻山雞、4 隻兔子，洛克菲勒還和約翰合力宰了

一頭羚羊，美味的晚餐讓大家的心情都非常好。可是，這種好心情被一隻猛獸破壞了。

飯後，大家正坐著嘻嘻哈哈聊天的時候，忽然聽到屋外的伊麗莎白尖叫了一聲。所有人都衝出去看，在伊麗莎白手指的地方竟然站著一頭狼。此時的伊麗莎白一臉驚恐，神情緊張，說不出一句話。看來，這頭狼，也是被他們的美味吸引了呢！

洛克菲勒讓人攙扶著驚嚇過度的伊麗莎白回屋，並且叮嚀他們把屋門鎖上。這時，小約翰早就已經拿出了準備好的獵槍，一邊囑咐父親小心，一邊把槍放置在窗戶的縫隙中，槍口對準那頭狼。當洛克菲勒吸引了狼的全部注意力後，小約翰開槍了。兩槍之後，狼並沒有如他們想像的那樣應聲而倒，而是顫顫巍巍地朝著洛克菲勒的方向跑來，停在了離屋子七八米的地方。

這可把洛克菲勒和孩子們嚇得夠嗆。就在這時，洛克菲勒忽然想到，狼是怕火的動物。於是，洛克菲勒又重新將火點燃，引燃了放置在屋外用來燒烤的篝火。狼看到了火光，果然嚇得後退了幾步。過了一會兒，這頭狼自知再等下去也沒有什麼希望，便一瘸一拐地離開了。

通過這件事，洛克菲勒有了一個深刻的認識，那就是你以為你已經無所不能了，所以你就淡忘了求生的本領，沉浸在當前的環境，殊不知何處還隱藏著能置人於死地的勁敵，到那個時候，如果不夠僥倖，就只能被淘汰掉了。所以說，人生責無旁貸，永遠不能逃跑！

9·自己才是最可靠的

一天，洛克菲勒帶著兒子小約翰在儲藏室整理東西，很奇怪的是，洛克菲勒突然要求年紀尚小的約翰爬上梯子，去一個大貨箱上。

有些膽怯的小約翰有些猶豫，洛克菲勒的一番鼓勵讓他決定爬上去，可正要上去的時候，小約翰發現父親洛克菲勒的神情有些詭異，於是他對父親洛克菲勒說：「爸爸，您不會等我爬上去之後把梯子撤走吧？那樣我可就下不來了！」

洛克菲勒笑著說：「怎麼會呢？你還信不過爸爸嗎？你儘管上去吧，相信爸爸。」

聽到這些，小約翰就放心大膽地爬上去了，可他剛爬上去之後，洛克菲勒竟然不守信用，猛地將梯子撤走了，這讓小約翰極度害怕和氣憤。

小約翰站在貨箱上，氣急敗壞地對洛克菲勒大喊：「爸爸！您為什麼騙我？」

洛克菲勒仰著頭，不緊不慢笑著說：「約翰，你應該記住，沒有人值得你完全相信，何況是口頭上的承諾，一切只能相信自己，依靠自己。來吧，勇敢地跳下來吧，相信憑藉自己的力量你能完成！」

猶豫再三的小約翰禁不住父親的一再鼓勵，終於擦乾眼淚，閉著

眼睛，往下縱身一跳。就在起跳的時候，小約翰滿心都是委屈和憤慨，但是沒像他想像的那樣摔個粉碎，而是穩穩地落在了父親洛克菲勒的懷裡。

這一剎那，他的委屈蕩然無存，吃驚地看著洛克菲勒，說道：「爸爸？您？」

洛克菲勒把小約翰輕輕放在地上，溫柔地摸著他的頭，意味深長地對他說：「孩子，我希望你能明白，這世界上如果連自己的父親都不能信任，那還有誰值得信任呢？」

懵懵懂懂的小約翰一頭扎進洛克菲勒的懷裡，哭了起來。

不過，我們知道，這是多麼生動的一堂課啊！

——在人生的旅途上，自己才是最可靠的！

10 · 不勞而獲只會教出懶漢

洛克菲勒注重對兒子的勤奮教育，小約翰也亦然。

有一年，小約翰讓自己的兒子們在自家院子裡開闢了一塊菜園，並帶領著他們一起種植黃瓜、蕃茄等蔬菜。除了年僅三歲的小兒子以外，其他四個兒子每天都需要給菜園子施肥、澆水和除草。

到了豐收季節，為了鼓勵兒子們的勞作，小約翰還特意買下了他們種植的南瓜，而剩餘的蔬菜則被他們兄弟幾個批發給了市場上的食品雜貨店，得到了一筆收入，這讓小約翰異常高興。

不僅如此，為了培養兒子們勤勞的習慣，小約翰還有意識地讓兒子們學習烹調技術，並且還將後勤家務平均分配給了他們。做飯的時候，那兩個最年幼的兒子也不能白吃白喝，也要幫著打打下手。如果他們合作得很成功，小約翰還會給他們一定的獎勵。

II·工作上的友誼，友誼上的工作

　　在工作上產生的友誼和在友誼上產生的工作，是完全不一樣的；因為工作關係而生發的友誼，一般而言，因為是革命感情較牢不可破，而如果是好朋友所以就想合作幹一番事業，最後往往會因為利益的緣故而分手。

　　小約翰的兩個朋友想要邀請他一起合夥投資一項新產業。在小約翰看來，這是一個賺錢的大好機會，於是他便將這消息興致勃勃地告訴了自己的父親——洛克菲勒。

　　小約翰說：「親愛的父親，我有一則好消息要告訴您。您還記得懷特和查理嗎？」

　　洛克菲勒答道：「當然記得，他們不是你的大學同學嗎？」

　　小約翰高興地說：「沒錯，就是他們，昨天我們在一起吃飯的時候，他們給我介紹了一樁賺大錢的買賣。我們想一起合夥投資一項建材設備，這利潤可是相當驚人的。」

　　洛克菲勒沉思了一會兒，說道：「約翰，難道你不認為建材行業離我們太遠了嗎？到現在為止，我們可都沒有涉足過這一行業，你貿然投資會很危險的。」

小約翰說道：「沒關係的父親，不是有懷特他們嗎？我們可是朋友，他們肯定會幫助我的。」

　　洛克菲勒說道：「你們的友誼雖好，可不適合一起做生意。如果我沒有猜錯的話，懷特他們之所以找你，是因為你是我的兒子。他們只是想讓你做後援，有你這個後援，他們可謂是堅實多了。」

　　小約翰疑惑地問：「父親，你是認為合夥經營不好嗎？」

　　洛克菲勒答道：「並不是這個意思，我只是很不贊同在友誼基礎上建立起來的生意。」

　　小約翰再次說道：「為什麼？」

　　洛克菲勒語重心長地說道：「約翰，你真的了解自己的朋友嗎？你在這場合作中扮演的是股權人，要為他們無限地提供資金。可是你想過沒有，在這場生意中，你也就相當於一個旁觀者。剛開始，他們還可能會意識到使用的是你的資金，會全心全意地工作。可是隨著時間的流逝，他們可能會想：『憑什麼約翰可以吃著 200 多美元的午餐，而我們卻在這像牛一樣工作』『約翰什麼活都沒幹，卻要從我們這裡拿走 25％的資金』。約翰，你要知道，人是很健忘的動物，雖

然你們是朋友，但越來朋友，越不會想到太長遠的問題，更不會想到根本的問題，或許他們根本就忘了你是股權人這一回事。他們只會想，朋友合夥做生意，你今天又做了些什麼？」

　　小約翰聽後，沉思了一會兒說道：「父親，您說得有理極了，看來我還是需要多考慮一下才行。」

I2·「你很快就會上天堂了！」

有一段時間，小洛克菲勒為了一個項目整日忙得不可開交。因為他要找出這個項目需要改善和策劃的地方，還要親自參與報告調查，要親自找到解決的辦法。所以，小洛克菲勒的妻子便整日向老洛克菲勒抱怨，抱怨小洛克菲勒的晚歸和忙碌。

看著每天忙進忙出、日益憔悴的兒子，老洛克菲勒心裡很是擔心。有一天晚上，小洛克菲勒和往常一樣，很晚才回到家，而老洛克菲勒則坐在客廳裡的沙發上，看到小洛克菲勒回來，便說道：「約翰，很多人都問過我一個問題，他們很好奇，我是如何同時在掌管幾家大公司的時候，還能夠騰出兩個月的休假時間，去感受大自然的樂趣呢？」

小約翰答道：「那您的答案是什麼呢？父親。」

老洛克菲勒說道：「我的答案只有一個，那就是我會將日常的一些事務交給那些能夠勝任的下屬去做。」

小約翰回答道：「可是父親，這些工作我不放心，我必須跟進才行啊。」

老洛克菲勒看了看眼前的兒子，繼續說道：「約翰，你是一個領導者，你的任務就是將工作交給你的員工，並且指點他們怎麼做，而

不是你親力親為。你應該給予員工充分的信任，信任他們的能力，也信任他們的價值。」

「可是……」小約翰還想說些什麼，洛克菲勒沒等他開口，就又說了一句。「如果你不去信任下屬，凡事親力親為，那你很快就會上天堂了！」

這是一段很簡短的對話，在這段對話裡，老洛克菲勒教給小約翰管理公司的唯一秘訣就是充分地信任下屬，將工作交予下屬去做。只有這樣，你才能夠贏得自己的閑暇時間，才不會忙得焦頭爛額，最後卻沒有絲毫成果。

I3·信念的力量

　　林肯說過：「噴泉的高度不會超過它的源頭，一個人的成就也一樣，絕不會超過他的信念！」由此可見，信念可以築起人生的長城。

　　在洛克菲勒看來，人可以沒有財力，可以沒有物力，甚至可以沒有充足的食物，但是就不能沒有信心。一旦失了信心，再小的事情也難如登天；而一旦有了信心，再大的困難也能夠迎刃而解。

　　有一次，洛克菲勒的兒子小約翰投資失敗了，他足足投進去了一百萬美金。這在小約翰看來，就是一種恥辱和愧疚，由此他整日悶悶不樂，不願意和老約翰做過多的交流。因為在他看來，他的父親是世界上獨一無二的石油大王，是雄厚資本的擁有者，而他，一個小小的百萬投資都能夠搞砸。毫無疑問，他是無能的，是毫無本事的。

　　洛克菲勒看到兒子這樣，心裡也是焦急萬分。一天，他將正要回房的小約翰叫住，對他說：「約翰，你最近一段時間的垂頭喪氣我都看在了眼裡。要知道，人生不可能是一帆風順的，總會有逆境存在。可以這麼說，我們會時常和失敗做鄰居，不知道什麼時候他就會敲響你的大門。正是因為世界上太多失敗的存在，才讓那些已經成功或者在追求成功的人顯得更加有魅力。失敗讓人們爭相追逐，有的甚至付出了生命的代價。但是即便如此，失敗還是會按照它的頻率到訪，誰

也躲不掉，誰也逃不開。不過，失敗並不是一件大不了的事情，它並不能在你的腦門上刻上失敗者或者是無能者的字樣。只要你有信心，失敗就算不了什麼。」

　　小約翰聽從了父親的話，沉思了一會兒後，對洛克菲勒說：「我明白，父親，我會振作起來的。這段時間讓您擔憂了。」

　　洛克菲勒看著面前低頭懺悔的兒子，又說了一句：「兒子，你心裡一定要明白，信心就是我們的精神支柱，精神支柱一旦垮了，什麼事情就都做不成了。」

14 · 商人的血液靠銀行

小約翰長大後，洛克菲勒便將手中的工作一步步地移交到他的手中，而洛克菲勒則擔當起幕後者的角色。在小約翰工作出現紕漏的時候，他會給予及時的指正。在他的帶領下，小約翰在商界也慢慢嶄露頭角。

有一段時間，小約翰和一位叫巴特的銀行行長的關係鬧得非常不愉快，讓一向謹時戴的小約翰也放話說：「我們公司不再需要銀行的幫助，更不需要華爾街的支持。」

小約翰的這番言論傳到了在家賦閑的洛克菲勒的耳朵裡，他立刻給小約翰寫了一封信，並且說：「約翰，你的那番言論可以說是大錯特錯了。雖然我們公司現在的資金比較充足，可能不太需要銀行的幫助，可是你知道嗎，公司的發展萬萬離不開資金的，這可是我們賴以生存的血液，而這些血液在不流通的時候，就貯存在銀行裡。」

洛克菲勒還說：「我剛開始創業的時候，資金極度匱乏，而我唯一的辦法就是只能向銀行求助。在那些時間裡，我幾乎就在銀行和銀行家之間徘徊。最後，我拿到了我人生中的第一筆貸款。直到現在，我都記得那個借給我錢的銀行家的名字，我想我會記一輩子的。」

通過這些，也讓洛克菲勒意識到，企業和銀行之間的重要關係。

只有把和銀行之間的關係維護好，才有可能有你需要資金的時候得到幫助。也正是這樣，洛克菲勒在聽到小約翰的言論後，才會迫不及待地寫信告訴約翰，並且糾正他的錯誤。

　　同時，他告訴兒子一個自己本身的故事——

　　洛克菲勒生存的那個年代，要想從銀行成功貸款，就必須要懂得去安撫銀行董事們過度敏感的神經，也就是要自信滿滿，不可迫不及待和垂頭喪氣。

　　洛克菲勒一邊在馬路上走著，一邊思索著如何在較短時間內借到急需的 1.5 萬美元。就在這時，一輛馬車停在洛克菲勒的面前。馬車上坐著當地一位很有名的銀行家。銀行家問道：「洛克菲勒先生，你要不要借 5 萬美金呢？」洛克菲勒聽了，心中自然是驚喜不已。不過，他還是按捺住心情，裝作漫不經心打量對方的樣子，然後又慢吞吞地說：「哦，這件事情，我需要一天的時間考慮一下。」

　　洛克菲勒這種毫不在乎的態度給那位銀行家傳遞了一個信號，那就是他現在似乎並不缺錢，似乎對現在的一切都很有信心的模樣。也正是這樣，才促使那位銀行家以最快的速度和最有利於洛克菲勒的條件達成了貸款協議。

　　洛克菲勒說：「兒子，取得別人信任的最好辦法就是你要自信，這是我性格上的優勢。」

15·失敗並不是標籤

小約翰剛剛步入職場的時候，曾經因為一點點的失敗而變得異常不自信。雖然他對自己一向十分嚴格，可還是會難免會出錯，這讓小約翰非常的自責和懊惱。於是，他便找到了自己的父親，想要辭去現在的職務。

洛克菲勒安慰道：「兒子，如果你辭職了，以後我們家族的產業該交給誰打理呢？」

小約翰羞愧地說道：「可是父親，你也看到了，我所做的事情已經失敗了，或許我真的不適合這個職業吧。」

洛克菲勒看著一臉羞愧的小約翰，繼續說道：「親愛的兒子，在我心裡，林肯是這個世界上最偉大的人。可是就算是他這樣的人，一生中也遇到了很多的失敗。他在競選總統的過程中遭受了很大的艱難和坎坷。一次次地失敗，一次次站起，反反復復、百折不撓，最後成了我們美國偉大的總統，造福於人民。相比之下，你現在所遇到的這一點挫折又算得了什麼呢？它既不能給你刻上屈辱，也不會給你貼上無能者的標籤，你還在恐懼什麼呢？」

小約翰聽後，再次不自信地說：「可是父親，我真的擔心我做不好，擔心您會對我失望，擔心失去您對我的信任。」

　　洛克菲勒聽後，嘆了口氣，繼續說道：「親愛的兒子，這並不能成為你辭職的理由。你只需要記住你肩上的責任和你擔當的使命，然後朝著這個方向不斷地努力。就算中途失敗了，又能怎麼樣呢？只要你的意志堅定，就能夠戰勝它們。」

　　從這之後，小約翰再也沒有提過辭職的事情。

16・人生就是要踩著失敗的階梯上去

　　小約翰因為沒申請到哈佛大學，他被拒絕了，因此十分鬱悶！

　　洛克菲勒下班後敲開了小約翰的門：「還沒到世界末日呢，你不該讓自己扮演失敗者的角色。」

　　洛克菲勒接著勸導小約翰：「考不上理想的大學的確是一種打擊，但這種打擊帶來的影響不是那麼大，你要知道，在人生這一條漫長的道路上，遇到的困難和挫折是相當多的，而現在你這充滿意義的人生只不過是剛剛開始。」

　　小約翰似乎還是沒有完全從失望中解脫出來：「可是，我還是沒有申請到哈佛大學啊！」

　　洛克菲勒摸摸小約翰的頭，安慰道：「你不是還做了準備嗎？還有申請其他的大學，這就是很好的預防措施啊。另外，既然事情已經發生了，一味地失落也不能解決問題，而且這種情緒具有很強的破壞力，會對你後期的生活產生嚴重的負面影響。」

　　雖然自責和失落還是不能從小約翰身上離開。不過，小約翰開始抬起頭認真地聽父親的勸導。

　　「兒子，這一次的結果不能證明你是一個成功的人還是失敗的人。在我看來，你一直是一個優秀的人，你以優異的成績高中畢業，

在校內外都顯示了勇氣和忍耐力。依靠你具備的這些優秀品質，你完全可以在以後的挑戰中有很出色的發揮，你的人生才開始，為什麼總要糾結於這次的失敗呢？

「期待常常不會如期實現，落空才是它經常的面目。面對失敗時，我們不能被消極的情緒淹沒。現在你該做的是接受事實，拋棄失落的心情，從中吸取經驗，並為你的嶄新的大學生活制訂計劃。」

「可是，申請不到哈佛大學仍然讓我感到遺憾。」小約翰又灰心地低下了頭。

「小約翰，你想進入哈佛大學主要是為了在那裡增長你的見識和知識對不對？」洛克菲勒問道。

「嗯，沒錯。」

「那就對了，在美國還有其他很多優秀的大學供你報考，其中也有你想學的專業。你想學經營管理，那麼其他大學也用一樣的教科書，只是教學陣容不一樣罷了。可是，小約翰，我要告訴你，儘管一個優秀的導師會對你產生很大的影響，但是能為人生掌舵的人永遠是我們自己。只要你不喪失人生主動權，你就不會成為失敗者，成功者也不都是一生順利，相反，他們都在勇敢地踩著失敗的螺旋階梯上

升，直到到達成功。

　　「我不希望你被這一次失敗打倒，從此變成了擔小怕事的人，放棄自己的夢想。在和其他年輕人一樣面對阻礙的時候，畏首畏尾不敢向前，而你這樣的人生才是徹底地失敗了。死心很容易，可是想要成為參天大樹就不能有這樣的念頭，小約翰，勇敢地站起來吧，失敗的經歷會給你一個比別人更高的台階，使你的高度遠遠高於別人。」

　　這一次，小約翰終於能夠如釋重負了，他點點頭，和洛克菲勒走出房門，來到充滿陽光的花園裡了。

　　後來，小約翰也進入了常春藤盟校之一的布朗大學，它的經濟研究所是全美排名第七位頂尖大學。

17·領導者的第一堂課：讀懂人心

洛克菲勒八十四歲時，因為健康之故一直住在聖瑪麗醫院，在那裡接受康復療養。除了醫生和護士，陪伴洛克菲勒最多的就是一隻他取名叫「甜甜」的小狗。

這天，天氣依然晴朗明媚，洛克菲勒和甜甜在草坪上肆意地玩耍著，伊麗莎白來了。懂事孝敬的伊麗莎白總是隔段時間就來看望洛克菲勒，這一次她依然帶著甜美的笑容和溫柔的聲音向父親問好，不過，這次似乎沒有以往的時候快樂。

到底還是了解女兒的，洛克菲勒已經從伊麗莎白的神情中觀察出什麼，即使伊麗莎白一直在掩飾自己的壞心情。洛克菲勒直接問道：「你看起來心情不是很好，能和爸爸說說嗎？」

伊麗莎白聳聳肩，同時又無奈地笑了笑，似乎對父親敏銳眼光和直覺的佩服。「爸爸，是這樣的，就在前幾天，我一個非常重要的部下邁克向我提交了辭職信，更要命的是，前兩個月科爾曼才剛剛辭職。要知道，這兩個可是我最重要、最倚重的部下啊！」

伊麗莎白皺了皺眉，接著說道：「雖然公司人員的流動很正常，但幾乎同一時間我的兩員大將都提出了辭職，這讓我感到很煩惱，這件事情太不正常了。要知道，他們都是我們公司最優秀的管理人員，

少了他們，我就好像少了一股助力一般。」

　　洛克菲勒望著眼前焦躁不安的女兒，語重心長地說道：「伊麗莎白，首先你要懂得職場中的人員流動是很正常的。有的人是為了改變生活環境而工作；有的人則是因為性格不穩定，他們不可能在一個地方長期待下去；還有些人追求的是夢一般的工作環境，這樣的人也會成為典型的『候鳥』員工，任何一個地方都不會長待。但如果，公司流失的是優秀職員的話，那麼對公司的損失就大了。」

　　伊麗莎白打斷洛克菲勒，說道：「爸爸，沒錯，我現在面臨的就是這樣的情況，科爾曼和邁克都是非常優秀的員工，而且在我看來，他們之所以離開，我也是脫不了干係的。」

　　「為什麼這麼說？」洛克菲勒問道。

　　「剛開始，我們三人的關係十分不錯，亦師亦友，相處得也非常融洽。可是隨著我的工作量增多、出差時間加長之後，我和他們兩個人之間的溝通也越來越少了。漸漸地，他們兩個似乎離我越來越遠了。但是那個時候，我只一心忙於工作，並沒有注意到這細微的變化。直到他們相繼提出了辭呈，我才意識到了這個問題。可是這個時候，說什麼都晚了呀。」

聽了伊麗莎白的話，洛克菲勒發表了自己的觀點：「在職場上，女性在人際關係處理方面表現得更為遲鈍一些。但是，你作為一個高層的管理人員，與人相處之道又是你不得不做的功課。而作為一個公司的首腦，你必須要明白員工離職或者跳槽的原因，通過掌握他們的心理活動，去盡全力排除公司內可能存在的不利於員工穩定工作的因素，這樣首先你就能為員工提供一個真實可靠的工作環境。另外，你要真誠用心對待你的員工，給予員工支持，幫助他們成長，為他們著想，改善他們的工作環境，從感情和感性的角度為你積累必要的人氣和支持。如此一來，哪怕還有員工想著要辭職，他也會考慮到感情這一方面，最後可能還會因感情再次留下。」

認真聽父親解釋的伊麗莎白似乎對這些內容感到有些吃力，善解人意的洛克菲勒鼓勵她說：「其實要做到這些也不難，記住一點，你在和人打交道，只要你能明白跟你接觸的人們都在想什麼，想要做什麼，那麼你就能很好地把握一切了。」

「那怎麼做才能知道他們到底在想什麼、或想做什麼呢？」伊麗莎白追問道。

這時，洛克菲勒變了一種口氣，像一個先知一般，說道：「多去

觀察他們的一舉一動，無論多麼高深莫測的人，多麼神秘的人，只要你能抽時間觀察他們，你就一定能從中看到一些『蛛絲馬跡』。比如，你可以觀察員工每天上班的狀態是不是和以前不同；觀察他們的神情，微笑、皺眉、無所謂……當然我們也不能完全根據這些細節來做出什麼推理，這畢竟不是嚴謹的科學推理題。我要你明白的一個道理是，如果多去觀察人，並為之多多思考，時間長了你就能猜出個大概。所以，作為一個管理階層，最重要的是要學會看人、懂人。」

18・和對方合作就可化解敵意

有一天，伊麗莎白向弟弟訴苦，因為她的上司是一個兩面三刀難對付的家伙。巧合的是，小約翰也剛好遇上了這種情況。而沒有經驗不知所措的兩個人決定向父親洛克菲勒請教，也許父親豐富的經歷能為他們解答這個問題。

「孩子，我想你們可以先聽一下我的故事。當年，佩特森先生離開了西弗公司，到波雷克斯公司就任主管市場營銷的副總裁。在公司工作 12 年的德雷克是國內銷售部經理，但剛到場的佩特森卻輕而易舉地得到了德雷克夢寐以求的職位，這讓德雷克心中很是不滿。就這樣，佩特森剛一上任，便給自己樹立了一個無形的敵人，那些和德雷克關係比較好的銷售經理在德雷克的主持下，都紛紛加入了反對佩特森的陣營。

「那天，佩特森勸我離開西弗公司，到波雷克斯去。佩特森還把他和德雷克之間的芥蒂、矛盾與不和通通告訴了我。為了制衡德雷克的勢力，我被佩特森任命為第三個地區的經理。對此，我心裡明白，佩特森將我當成了制衡德雷克的工具，而我一定要做好我的工作，不容得半分懈怠。

「果不其然，德雷克對我的上任很是不滿。他們很理所當然地將

我看成是佩特森陣營的人，而將我打倒成了他們接下來的目標。在他們看來，只要打倒了我，也就擾亂了佩特森的計劃，保護了自己的關係網。這樣，他就能把我揪到總裁辦公室，趾高氣揚地說我不適合這份工作。所以，接下來，德雷克和他的同夥們對待我的態度也是可想而知了。」

「那後來您是怎麼辦的？」小約翰問道。

「很簡單，努力工作！我和我的團隊很快就開始發動了總攻擊。那段時間裡，大家不再是常規的 5 天工作制，而是 6 天。同時，每天上班的時間也被延長了，不再是朝九晚五。推銷員們從早晨 8 點鐘就投入到工作中了，晚上 9 點才停止工作。我還不斷要求大家保持高度的警覺，那段時間，每個人一個星期的平均工作時間要高達 63 個小時左右。

「效果似乎很顯著，哈哈。第二周一早我碰到了德雷克，還沒來得及同他打招呼，他就主動找我說話，他的嗓門很大：『你們上交的報告是真的嗎？你確定你們一周的銷售額是 90 萬美元？』我很理解他的質疑，因為這 90 萬美元可是我們一年銷售額的 20% 呢。不過，我還是謙虛地給了他建議：『我希望您最好能為紛至沓來的訂單做些

準備。』

　　「不過，第二天德雷克就不再對我們的成績感到奇怪，因為如潮水般湧來的訂單，使我和我的團隊迎來了掌聲和微笑。斯托克斯、佩特森、德雷克和我還專門開了一個會。斯托克斯還詢問我是怎麼做到的，這個時候我將早已經寫好的全部計劃交給總裁。三個月之後，我被提升為市場部主任。此後，德雷克也不再無故生出什麼事端，大家的心思也就放在了工作上面。」

　　「爸爸，您真是太棒了！」伊麗莎白禁不住為父親高聲喝彩。

　　洛克菲勒轉過頭來安慰小約翰說：「我清楚你們的處境，面對這種情況的時候，你有這樣幾種抉擇，離開這個是非之地；以其人之道還治其人之身，用同樣卑劣的手段給他們還擊；用優秀的工作成績將對手遠遠甩在後面，使他們不再與你處於同一層次，當然第三條路是最好的選擇。」

19・小約翰的交際費

　　小約翰長大之後，洛克菲勒也要不定時地檢查他的賬本。

　　有一次，洛克菲勒從財務部經理手中拿到了小約翰的交際費用賬單。洛克菲勒看著賬單上一個個天文般的數字，越看越生氣。最後，他拿著賬本，急匆匆地來到了小約翰的辦公室。

　　洛克菲勒將賬本放在小約翰的面前，生氣地問道：「約翰，對於這個賬本，我想你應該給我一個合理的解釋。」

　　小約翰隨手翻看了一下賬本，便不以為意地說道：「哦，父親，這些都沒什麼呀，都是日常交際所必需的花費。」

　　洛克菲勒聽後更加地生氣，他憤怒地看著小約翰。

　　小約翰見狀，趕緊起身解釋道：「父親，這些花費都是為了給我們公司吸納更多的客戶啊。而且，在我看來，第一印象是非常重要的。假如他們來我們公司視察參觀，然後我再把他們帶到我們公司的餐廳去用餐，他們肯定會認為我為人十分小氣，甚至還會丟掉一大批客戶的。」

　　洛克菲勒聽完，語氣有些緩和：「兒子，你想要向客戶顯現我們公司的經濟能力，這本身是沒有什麼錯誤的。但是兒子，在你心裡，一擲千金，難道就可以贏得別人的合作嗎？你要知道，在很多實業家

的眼裡，他們看重的是利潤。他們認為，即便你擁有再多的錢財，也不可以恣意揮霍的，他們將那樣的人稱之為傻瓜。我們的錢只有兩個用處，一個是投資，另一個則是慈善。」

小洛克菲勒不解地說道：「可是，其他公司都是這麼做的呀。」

洛克菲勒再次說道：「不要和別人比較，否則你的開銷會越來越大，而你的積蓄也會越來越少。約翰，我們一定要用正確的態度來對待金錢，這才是我們致富的唯一途徑。積攢錢財是一場漫長的征途，可是失去寫卻只在一瞬之間。要按照你的消費方式，不久，你就會被賬單淹沒的。」

小約翰愧疚地說：「父親，我明白了，我以後肯定會注意的。」

20·用工作樹立人生的形象

　　從開始第一份工作，洛克菲勒就給人嚴謹慎重、忙碌的印象。

　　從洛克菲勒的日記中我們知道，他在休伊特公司上班的時候，因為花費大量時間在工作上面，而忽視了自己的私人生活。對此，洛克菲勒在日記中提醒自己，每天不能晚於十點下班。

　　而這種過分重視工作的習慣也使他在開創自己第一個公司時，與合夥人經常發生衝突。從休伊特公司離職之後，洛克菲勒與克拉克合夥成立了一家公司，主營農資產品的轉運、採購、銷售等業務，克拉克利用他在客戶資源方面的優勢，忙於和各個廣告商、媒體聯繫，洛克菲勒則重點打理賬目和公司內部物資管理。經過兩人的默契合作，公司雖然遇到了一些挫折，但總算是熬過去，並且發展越來越好。

　　可是在看到繁榮景象後不久，克拉克富家子弟的性情就開始顯露了：他開始早早地下班，去酒吧等風流場所遊玩，這讓洛克菲勒很是不滿。終於在和克拉克的一次爭吵中，克拉克對洛克菲勒吼道：「我可不想像你一樣，整天把自己關在辦公室裡。」

　　後來，因為公司業務擴大，急需資金，在四處融資無果的情況下，加德納順利成為公司新成員。這位新成員為公司帶來大筆資金的同時，也開始揮霍公司的資產，他的奢侈行為使洛克菲勒無法忍受。

加德納和幾個朋友合資買了一艘遊艇，甚至在上班時間偷著跑出去開船到避風港玩。於是，洛克菲勒毫不客氣地指出了加德納在工作上的不負責，加德納也做出了回應：「約翰，我認為，在有些事情上我倆很可能永遠都說不到一起。依我看，這世界上你最喜歡的就是錢，而我卻不。我想的是，這輩子一邊幹事、一邊找點樂子。」

　　這種世俗的判定讓洛克菲勒不能認同，在他心中，用一定數量的工資來衡量其能力是一方面，但最讓他幸福的是後來與他接觸的經營商不再喊他「約翰」或者「那個年輕人」，而是「洛克菲勒先生」。對他來說，這種高尚的稱呼無疑是最大的鼓勵。除此以外，洛克菲勒成功地給人留下了誠信、睿智、嚴謹、年輕有為的印象，而由這些特質組成的商務人士形象，正是洛克菲勒夢想成為的。

2I · 有創造力才有競爭力

一天，溫馨的晚餐過後，洛克菲勒和孩子們開始暢談：「還記得我帶你們到北部打獵的情景嗎？」「當然記得，而且面對狼群臨危不懼的小約翰是最不能讓人忘記的。」伊麗莎白說道。

「很好。我希望你們還用當初那種『初生牛犢不畏虎』的精神來面對今天的挑戰！如今，我們要對付的是競爭公司的新產品。很明顯，要在這場競爭中獲得勝利，就要全面地應用創造能力。現在，雖然我們的一種產品在市場上落後於競爭產品，但我們不能放縱這些事情，我們應該有所準備，予以還擊。」洛克菲勒耐心地解釋道。

接著，洛克菲勒做了進一步的闡述：「我們已經把公司相當一部分盈利投資到持續性的研究和開發計劃裡。並且為改良現在的產品，我們最近打開了若干重要突破口。因此，我堅信很快就能應對競爭產品的威脅。」

「技術開發部已經設計了幾個方案投入市場，但仍然毫無起色！」小約翰感到很懊惱地說。

「小約翰，別著急，從我的經營哲學來說，只要是與製造公司有關的新的改良方案，都不應該馬上拿到市場上去實踐，而用於準備對付我們現在所經歷的『不時』之需，才是高明的。

「作為一個成功的商人，我們必須總結經驗教訓。作為這次事件的最大教訓，你必須牢記以下事情。有不少公司將大部分利潤作為紅利分給股東，而對於新產品的開發和改良一文也不花，這是嚴重的錯誤。優秀的公司為了長期保持公司的優勢，即使分出一部分利潤，也要對研究和開發新產品進行投資。

「作為第二教訓，希望你們理解的是，為了事業的成功，必須培養業務人員的創造性和豐富的想像力。過去只要有教育和努力，就有希望獲得成功。但是時代不同了，要取得今天的成功，就要在教育與努力之外再加上這些要素——有創造性的、想像力豐富的心靈。

「年輕時開始幹事業的時候，我對年長同事們的發明才能和天才的創造能力有一種敬畏感，認為自己毫無創造能力。值得高興的是，隨著時間、學習、習慣和經驗的積累，證明了那只是自己的一種想法。如果當初就能領悟這一點的話，就可以省去很多徒勞的苦惱、動搖的時間。」洛克菲勒細緻入微地分析著。

「我想我從小就缺乏較強的創造力！」伊麗莎白自我反省地說。

洛克菲勒笑著說：「伊妮（伊麗莎白暱稱），現在你還是在犯我以前所犯過的、各種年齡的許多人都犯的錯誤。每個人都有創造力，而且創造力沒有好壞之分。我們要想獲得自言，就必須懂得享受自己的『創造力』，並且從中得到快樂。只有這樣，我們才能夠通過創造力，讓自己成為一個自信的人。」

22 · 人生就是不斷征服卓越的過程

洛克菲勒帶著自己的女兒伊麗莎白和兒子小約翰參加了一次晚宴的餐會。伊麗莎白似乎見慣了這種場面，應對自如。可是小約翰卻顯得有些侷促，站在那裡手足無措。

洛克菲勒見此情況，便對小約翰說：「約翰，你不如就陪著我四處走走吧。」

洛克菲勒對約翰說：「約翰，第一次參加這樣的晚會，是不是很不習慣？」

小約翰點頭承認。

洛克菲勒高興地說：「對於你願意進入商界這件事情，我非常高興。不過，商界是一個沉浮不定的世界，有收獲的成功，也有破產的失敗，更有些人會因為一時的失敗而變得一蹶不振，再也無法東山再起。所以，你最好現在就要制訂一個 10 年計劃，以防以後你所遇到的陷阱。只有這樣，你才能夠有能力去接近成功，實現卓越。」

小約翰聽後，問道：「父親，我知道卓越是無法一步實現的，可是我到底該怎麼做呢？」

洛克菲勒答道：「從現在開始，你還需要五到十年的學習時間，要學著去熟悉顧客，學著熟悉工作場地和你的員工陣容。當你了解了

這些，你就算是一個小小的成功者了。」

　　小約翰又著急道：「可是，父親，我現在已經很努力了，我應該不用花費這麼長時間的。」

　　洛克菲勒解釋道：「不，並不是這樣，孩子。人的一生其實就是征服卓越的過程。而要想實現這個過程，就必須要經過長時間的打磨和磨煉。只有經過了這些，你才算是已經實現了你的卓越，才算是一個優秀的人。」

第五章

幫上帝管理財富的人

洛克菲勒の思維

金錢如糞土，把它散發出去可做很多事，儲藏起來臭不可聞。

財富只是一個人勤奮的副產品，不能代表一個人。

一個人不論是要贏得財富，還是要贏得人生；
優秀的人想的不是輸了要怎麼辦？而是贏了我該做些什麼！

想要成功就要在教育和努力之外，再加上創造性、想像力來豐富心靈。

首先發現對方的弱點於是用力一擊的人，常常是勝利者。

良好的方案往往不是妥協得來的，而是爭吵的結果。

我總會設法將一樁不幸轉化為一次機會。

金錢可以用來做壞事，也可以用來做幫助他人的工具。

Ⅰ・幫上帝管理財富的人

作為虔誠的教徒，洛克菲勒用前半生努力打拼，實現了夢寐以求的富翁夢想，成為美國歷史上第一個 10 億富豪。而在洛克菲勒的後半生，他散盡了億萬家財，將其全部運用到慈善中。

此後，洛克菲勒家族把許多錢都投到慈善事業上，以至於他們家族從事慈善事業的規模在歷史上達到了空前的水平。當年，標準石油公司違反托拉斯法被分拆時，老洛克菲勒已經退隱江湖十餘年，專心做慈善，細數下來很多世界知名基金都是洛克菲勒家族提供的。比如，他們向亞特蘭大斯伯爾曼學院的黑人婦女提供教育資金，創立洛克菲勒大學；還創辦了芝加哥大學；成立資產達十多億美元的洛克菲勒基金；就連在民國初期最負盛名的醫療機構——北京協和醫學院也是由洛克菲勒家族於一九一七年創辦的。

洛克菲勒家族的慈善之舉除了和宗教信仰及個人品行有關外，或許美國的法律也為國家公益慈善事業的發展提供了動力。

隨著對壟斷的禁止，規範商務競爭的法律規範也逐步建立，國家開始對富人徵收高額累進稅和遺產稅。這在很大程度上促使美國富人將錢財更多地投入到慈善事業當中——因為捐款可以免稅。在制度和文化雙重作用下，洛克菲勒家族和其他美國的富人群體形成大體一致

的財富觀,即只有對社會有益的財富才是正當的、有益的。

　　洛克菲勒本人也反復稱自己只是幫助上帝掌管金錢的管家而已,這些錢最終還是要回饋社會的。洛克菲勒不僅這樣想,還真是這樣做的。退休後的洛克菲勒致力於慈善事業,其不計其數的資金都投入到各種公益事業中去了,不難想像,有無數人都因為洛克菲勒的資助而享受到極大的幫助。因為洛克菲勒的幫助,這些人能上學了,能看病了,能安心養老了……

　　有錢不是什麼壞事,但是我們一定要像洛克菲勒一樣努力將這些錢用在最合適、最有價值的地方,讓這些人類共同的財富去更好地惠及社會大眾。

2・慈善的意義

一直以前，洛克菲勒就是虔誠的基督徒，是美北浸禮會的教友。

忠誠的教徒洛克菲勒一直以造福人們為重要使命，即使被眾人排斥的石油帝國也是洛克菲勒造福世人的傑作。他說，標準石油公司為無數人提供了就業機會，使大家都能買得起價格低廉、質量良好的石油，這本身就是一大善舉。

直到有一天，洛克菲勒的一位好友告誡他說，您必須要想辦法將公司的錢花出去一部分了，因為現在標準石油公司掙錢的速度太快了，如果您不想辦法花錢出去，那像滾雪球一般慢慢積累起來的財富，將會成為公司和您子孫後代的重大負擔。聽聞這番話，洛克菲勒才慢慢地將目光轉移到社會的慈善事業上來。

回饋社會是洛克菲勒一直都有的想法，不過出於某些原因，洛克菲勒和慈善事業總是保持著一定的距離，甚是低調。在打算形成系統化的慈善事業時，洛克菲勒毫不保留地表達了這樣一個擔憂，那就是如何平衡行善和自力更生之間的關係。

不管是從宗教倫理還是個人心理來說，接受資助的人很可能增長依賴的情緒，破壞新教的「不勞動者不得食」的主張。洛克菲勒說：「我很怕看到一群一群的乞丐們靠著施捨過日子的現象，儘管乞丐幾

乎沒有什麼社會生產能力，可這個現象卻反映出整個社會的浮躁。」

　　自小便堅持自強奮鬥的洛克菲勒也自然不能容忍社會出現不勞而獲的局面，他不希望自己的捐助變成鼓勵大家做白日夢的理由，他在努力平衡人們心理的同時，還不忘防止打亂現在的社會等級制度。

　　社會本身就有一套賞罰分明的管理制度，聰明人通過自身努力獲得事業和地位上的回報，失敗者則因為懶惰或是性格上的缺點而不能獲得更多的回報，這樣天然的競爭機制就把優秀人群和普通人群做了一定的區分。

　　但如果洛克菲勒的捐款一不小心影響到了這種機制，那不僅不能使社會很好地分配資源，還可能挫傷優秀人群的尊嚴和奮鬥意志，助長失敗者的懶惰和饒倖心理。

　　所以，洛克菲勒堅持認為，如果自己做慈善事業，一定要慎重地做出選擇，將那些需要在個性上被鼓勵和支持的人們作為幫助對象，使他們通過重塑性格來獲得成功的人生。

3・捐贈有一定的原則

構建石油王國後的洛克菲勒儼然已經成為財富的代名詞，而各種不懷好意的媒體也對他的財富進行無知、虛假的報導。當然，洛克菲勒從來都懶得理睬這些媒體，但是這些報導產生的效應卻讓洛克菲勒極其厭惡。

有這樣一篇報導，該文章將洛克菲勒標榜成為美國首富，宣稱其個人資產高達 1.5 億元，平均每一個小時就可以賺到 750 美元的報酬。這一則虛假報導給洛克菲勒帶來了很大的麻煩。

一些乞討者蜂擁而至，他們每天就跟隨在洛克菲勒的身邊：茶餐廳、火車站甚至是教堂的過道裡；還有一些離洛克菲勒較遠的乞討者，則不遠萬里地寄信過來，乞求洛克菲勒可以給點施捨。

「洛克菲勒先生，請你行行好！」一個乞討者在洛克菲勒經過時，向他乞討。

為了避免死纏爛打，洛克菲勒只好順手給了他 1 塊錢。

「洛克菲勒先生，怎麼才 1 塊錢，你不是一個小時就能賺 750 美元了嗎？」

「那麼先生，你已經耽誤我五分鐘，讓我損失 62.5 美元了，這 1 塊錢就當做彌補我的損失好了！」說完，順手取回他的一塊錢。

當然這是一個笑說，但是對於這樣的情況，洛克菲勒苦惱極了。他曾經在自己的日記中寫道：堆得像山一樣的信件從世界各地滾滾而來，僅僅一輪船就能從歐洲帶來五千封乞討信，甚至一個星期之內我竟能收到一萬五千多封來信。

龐大的乞討人群，讓洛克菲勒不得不設立一個專門的職位來審閱這些信件，以區別其中到底有哪些是真正需要資助的，又有哪些是渾水摸魚的。只設置閱信崗位還不能系統地解決這些問題，他又將目光放在了慈善事業上。雖然他以前也做過一些樂善好施的事情，但畢竟都是一些煩瑣的小事。如今，經過這件事情之後，洛克菲勒便想要做一些真正偉大而又有意義的事業了。

儘管這位篤信基督的商人平時需要應對各種繁忙的公司事務，但洛克菲勒還是抽出時間為自己的慈善事業做了簡單的規劃，並提出了幾個重要的原則：

第一，若捐助學校，資金將用於學校基金會上而不是校舍的興建和日常開銷上。

第二，拒絕成為任何學校或者組織的救世主，拒絕只把洛克菲勒的經費作為全部來源的學校。

第三，一旦發現所捐贈的資金並沒有被好好利用時，將把這些錢投入到其他有組織的社會團體。

第四，洛克菲勒希望自己的捐款成為一種拋磚引玉的行為。

第五，最重要的一點，受捐助的對象必須能夠證明其捐款的正當用途和使用後經濟有效的結果，否則，就不能接受捐助。

這幾條原則和洛克菲勒一貫的經商作風一脈相連，注重使用效果和經濟性原則。向來在意每一分錢使用效果的洛克菲勒，更是用嚴格的要求促使慈善事業的開展。因為洛克菲勒知道，若自己捐助的資金不能有效到達被捐助者手中，不能發揮最大的作用，不能真實有效地解決他們的需求，就失去了其該有的意義。自己擁有的資源數量很大，應該承擔的責任就很大，但不能讓這麼多數量的資源白白流失。

4 · 慈善事業也是一生的事業

　　獲勝、成為第一始終是洛克菲勒的追求目標，不管做什麼事，從事什麼行業。在石油業，他用強大的石油帝國贏來了「石油大王」的稱號，退休後忙於慈善事業的洛克菲勒竟然也想在慈善領域構建一個壟斷組織，使自己成為慈善的代名詞。

　　洛克菲勒家族一個籌備了兩年的新計劃正要實現，在醞釀期內，年少的約翰和忠誠的蓋茨成了這項計劃的重要發起人和實施推動者。終於，在一九〇三年，普通教育委員會正式宣告成立，顧名思義，這個委員會主要以幫助教育落後地區提高其教育水平為主要任務。

　　長期在慈善事業工作的蓋茨顯然有著和常人不一樣睿智的見識，他對洛克菲勒說：「洛克菲勒先生，我有這樣一個建議，那就是把在商界競爭中的一些規則用在慈善事業中，您看可以嗎？」

　　洛克菲勒聽完有些吃驚：「蓋茨，你具體是指哪些方面？」

　　蓋茨興奮地說道：「競爭和壟斷，我們也可以在慈善事業實現洛克菲勒家族的壟斷啊。」

　　這一個提議使洛克菲勒產生了濃厚的興趣，也是因為蓋茨的這一建議很符合洛克菲勒一貫的行事作風，要做就做第一，沒錯！洛克菲

勒幾乎毫不猶豫地應允了這件事。為此，洛克菲勒還親自給那個鐵匠
（鋼鐵大王）卡內基寫信，希望他能加入到這項事業中來，請他來擔
任普通教育委員會的委託管理人。

　　除了請有實力的資本家助力該委員會外，蓋茨還建議做一些其他
方面的宣傳工作，使洛克菲勒家族的慈善事業以更高的姿態進入到人
們的視線，而且這還有一個好處──洛克菲勒不在了之後，其後人早
晚會接手這些財富，到那個時候這些財富落到誰手中也不可知，會被
以什麼名義花出去也不可知。與其這樣，還不如現在好好地利用起
來，以洛克菲勒自己以及後代的名義為社會做些積極有益的事情。

　　蓋茨還進一步建議洛克菲勒，慈善事業要以永久性公司的形式確
定下來，並且這些慈善事業要形成系統和規模。

　　按照蓋茨的思路，這之後，就需要通過多方面的宣傳，這樣一
來，不管是誰接收這個事業，都會立馬成為矚目的焦點。努力使這項
事業具有足夠大的影響力，經營它的人就像政府工作人員一樣要受到
群眾的關切、質詢和批評；大都要引起世界人們的注意，使全世界的
明智人們都能對這個機構提出有建設性的批評。

　　蓋茨的建議是那麼完善與美好，很自然地獲得了洛克菲勒的同意，接下來包括約翰在內的重要管理者都為這項事業的建設貢獻自己的力量。隨著時間的推移，洛克菲勒家族的慈善事業成為當時規模最大的組織，影響力覆蓋全世界，而其資助的領域包括醫療衛生、教育、科學、藝術、宗教，甚至還有扶貧和農業支持等等。

　　從此之後，洛克菲勒就把慈善事業當成他自己的事業一般盡心盡力了！

5・創辦醫學研究中心

　　一九○一年，洛克菲勒在克星敦大街的一棟大樓上為醫療研究中心設置了工作總部。一些有學識、有本領的優秀人才都匯集於此。洛克菲勒將他們從瑣事中解脫出來，給予他們充分的信任和自由，讓他們放手去做。

　　新改組的醫學研究中心也很快成立了，洛克菲勒只管資金投入和財務管理，不給研發人員施加任何壓力，讓他們以成果的實用性為主，而不是為了出成果而出成果。洛克菲勒將這些研究工作看得很長遠，可能需要幾代人為之奮鬥。在洛克菲勒的精心管理下，研究中心也用優秀的成果做出了回報。

　　研究所的佛萊克斯諾博士成功研制出可以治療流行性腦膜炎的血清，這是一個振奮人心的好消息。此前，佛萊克斯諾博士發現猴子也會得這種病，後來通過實驗他將新研制出的血清注射到猴子身上，最後，這隻猴子的腦膜炎竟然奇跡般地好了。

　　這個天大的好消息很快就被傳播開，而其藥物的實用性也得到了驗證，洛克菲勒加緊生產這些血清，並運往世界各地，無償送給醫院等醫療機構，使美國乃至世界各地的兒童們脫離病魔的折磨，免去了病症的困擾。

　　規模逐漸擴大的研究中心也細分為病理學、生理學、藥劑學和生物學四大部門，通過有機配合，他們在醫療衛生方面做出更多的貢獻。而這些重大的成功也讓世人改變了對洛克菲勒的看法。籌建人蓋茨還美滋滋地對洛克菲勒說：「哪怕最敏感的人也不會說一句難聽的話了。」兒子約翰也說：「您建立的基金會都沒有一個像醫學研究中心這麼深得人心的，以至於聽不到一點兒批評。」

　　對於這些讚美，洛克菲勒淡淡地笑了笑，顯然，這不是洛克菲勒最想得到的結果。通過金錢讓研究中心的每個成員造福世人，這將是洛克菲勒能做的補償措施，而且這個項目也將由洛克菲勒家族的子孫們世代傳遞下去，繼續為人們造福。

6·芝加哥大學（一）

洛克菲勒在一次捐贈會上結識了哈珀先生，並且從哈珀先生那裡了解到，摩根·帕克神學院因資金不足，已經陷入了困境中。摩根·帕克神學院和老芝加哥大學有著密切的聯繫，因為神學院的關係，老芝加哥大學也面臨著解體的危險。

哈珀教授表示，芝加哥大學基礎良好，只要有充足的資金，他就能夠組建最好的師資力量。雖然洛克菲勒對哈珀先生的提議非常感興趣，但是洛克菲勒並沒有表示什麼。

後來，洛克菲勒又認識了蓋茨牧師。蓋茨牧師是一個很有遠見和膽識的人。更巧的是，蓋茨牧師也有著很高昂的辦學熱情。或許是受他的感染，洛克菲勒開始認真考慮起芝加哥大學這件事情來。

不過，作為一個商人，他必須要考慮到這件事情給他帶來的後果和利益，他必須要衡量好它們的價值，然後再作決定。後來，蓋茨牧師又給他呈遞了一份調查報告：在芝加哥大學周圍聚集著很多的基督教徒，而在這周圍卻沒有一所像樣的基督教大學。所以他們可以先在芝加哥大學的舊址上開辦一所很有實力的小學院，並且還要慢慢將它發展擴大。

洛克菲勒稱得上是一個虔誠的基督徒。最後，蓋茨先生用這份報

告說服了他。

　　洛克菲勒又找到了哈珀先生，希望他可以在教學的同時再抽出一點時間來指揮辦學的準備工作。而且，他只告訴哈珀先生，先籌建一個小學院，而關於芝加哥大學重建問題再另作商議。

　　不可否認，洛克菲勒的心裡是很欣賞蓋茨牧師的，但是他並沒有表露聲色，因為他還需要一點時間仔細地觀察他，這樣他才放心將更重要的任務交給他。

　　直到有一次，洛克菲勒和蓋茨牧師同搭一輛火車。一路上，洛克菲勒就等著蓋茨向他開口，討論辦學的問題。可是讓他沒想到的是，這一路蓋茨牧師表現得很是鎮靜，一副胸有成竹的樣子。

　　洛克菲勒見此，懸著的心才算終於放下來了。第二天，洛克菲勒便告訴蓋茨他決定為芝加哥大學重建捐款的事宜，並且要求他制訂一個詳細的計劃給他。

　　一八九〇年由於洛克菲勒的捐助，使芝加哥大學起死回生（芝加哥大學於一八八六年因財務問題而倒閉）。重新啟動的芝加哥大學後來成為世界第一流的學府。事後，洛克菲勒稱這是他「最明智的一次投資」！

7・芝加哥大學（二）

芝加哥大學一直是在蓋茨的幫助下進行的一個慈善項目，從開始設想到最終落實，洛克菲勒亦是花了不少心思，當然資金的投入更是大家最關注的話題。可一向低調的洛克菲勒始終不想讓人們將他和芝加哥大學聯繫在一起，所以在該校成立發展的過程中，洛克菲勒極少去參加一些公開的見面會。

不過這次，在芝加哥大學成立 5 周年的時候，芝加哥大學的校長終於說服了洛克菲勒。那一天，洛克菲勒和夫人一起出席了學校的 5 周年慶祝活動，不過並不會進行那些冠冕堂皇沒必要的演講。

到了這一天，洛克菲勒穿戴著極其普通的禮服和禮帽出現在熙熙攘攘的人群中，衣冠楚楚的教授和學生共同湧向學校中心一個四方院裡的巨型帳篷中。

整個活動開展得很順利，洛克菲勒也沒有拋頭露面進行演講。只是在結尾的時候，哈珀先生講到，學校可能需要盡快用一個正規的禮堂來代替現在的這個簡陋的帳篷。洛克菲勒只能出面回答道：「這個決定沒有問題，仁慈的上帝賜予我金錢，我怎麼能不把它用在芝加哥大學的建設上呢？」

第二天上午出現的事情，是最讓洛克菲勒感到激動和感動的。當

時，洛克菲勒正在行政人員的陪同下，穿著運動裝騎著自行車參觀學校的美景。儼然像個調皮的孩子，洛克菲勒在自行車上還不忘和路過的學生打招呼。

　　等他們一行人騎車到了傑克遜公園，停下來休息的時候，洛克菲勒被眼前的場景徹底感動了。一群孩子有秩序地唱起一首歌，歌詞是這樣的，「約翰‧D‧洛克菲勒，他是一個了不起的人，把餘財全部獻給了芝加哥大學……」另外一隊的學生則唱起了唱油歌，「誰是好漢？啦啦啦！洛克菲勒，他就是好漢，加油！……」

　　一股緩流瞬間就湧上了洛克菲勒的心頭，看著這群朝氣蓬勃的年輕孩子，洛克菲勒心想，原來我是一個對社會有如此大價值的人，看來把錢用在這所大學上才是真正把錢用在刀刃上了啊。

8 · 出手拯救美國政府的金融危機

當洛克菲勒辛辛苦苦建立起來的美孚石油托拉斯帝國被政府無情解散之後，沒多久美國就爆發了一場金融危機。這次金融危機主要是由於投資過剩引起的。

來勢洶洶的金融危機使美國整個經濟面都遭受了不同程度的打擊，而人民群眾無疑是最受傷害的。在金融危機席捲華爾街的時候，慌張失措的人們只能在銀行門前排起長隊，場面混亂的人們只想從銀行取走自己的存款。

面對這種情況，政府因為缺乏資金，沒能及時出台救市措施，民眾亦是缺乏足夠的信心。而洛克菲勒也收到了政府方面間接的求助。原來，美國財政部發現在金本位制支持下，國內的黃金正在合法地外流。於是財政部部長約翰·卡萊爾向摩根尋求解決方法，摩根一時沒有可行的辦法，又轉而請求愛德華·史蒂芬·哈克尼斯，繞了一圈，史蒂芬又找到了洛克菲勒。

既然政府缺乏資金，那麼作為史上最能賺錢的機器，洛克菲勒責無旁貸地承擔起了幫助政府渡過難關的義務。

　　洛克菲勒馬上給美聯社的老闆打電話，通過自己的信用為國家政府提供信心。洛克菲勒說，我寧願拿出一半的證券來幫助國家維持信用。請相信我，金融地震不會發生。在與史蒂芬交換消息的一小時內，洛克菲勒就讓標準石油公司從歐洲電匯過來 1000 萬元，又從其他渠道籌集了 100 萬。這以後，洛克菲勒繼續拿出大筆資金投入到拯救危機中。

　　洛克菲勒還和其他商界大亨共同合作，構成了一個強大的戰鬥團隊。在這場戰鬥中，洛克菲勒是出資最多的人，因為當時聯邦政府首先是向摩根先生求助，但無能為力的摩根只能又透過史蒂芬·哈克尼斯等人向洛克菲勒請求支援，最後還是由洛克菲勒不計前嫌（當年政府用反托拉斯法拆解他的大企業王國），用巨資平息了這場恐慌。

　　這件事讓洛克菲勒感到很自豪、很開心，當然，這跟媒體給予他的讚美沒有多少關係，因為洛克菲勒的這次行動能很好地為以前的失誤做出補償。說到那次遺憾的事情，就是指洛克菲勒當年沒有主動參加到南北解放戰爭中去，可以說那場戰爭也是對人民愛國情懷的一種考驗，也是檢驗人們能否履行公民義務的試題。可惜的是，在那場考試中洛克菲勒沒有交出令自己滿意的答卷。

　　洛克菲勒從來沒有將自己看作是什麼拯救者，如果非要說拯救，我們倒認為是這場金融危機拯救了洛克菲勒，這次舉國危機給了洛克菲勒為國付出的機會，給了他彌補錯誤的機會，也在客觀上給了洛克菲勒改變人們對其看法的機會。不管如何，洛克菲勒在公民義務方面給我們做了一個很好的示範。

9 · 小約翰的慈善基金會

這天，打高爾夫球休息時，小約翰走向父親，向父親說明了一件事並希望徵得父親的意見。

原來，小約翰和幾個朋友想成立一個專門救助非洲貧困人口的基金會。為此，包括小約翰在內的 4 個合作人打算先分別從各自的賬戶上出資捐助一筆資金，作為基金會的活動經費，然後再逐步擴大，號召每一個有能力、有愛心的人士，以此向社會公開募捐，獲得善款。

「幹得不錯，小約翰，這是一件好事！」洛克菲勒對兒子的行動大加讚賞，洛克菲勒接著問道：「計劃已經進展到什麼程度了？」

「我已經向董事會提交了申請，這樣每年就能從公司的營業收入中提取一部分資金作為基金會的活動儲備金。」

洛克菲勒對此感到十分開心和欣慰，因為小約翰顯然已經懂得了風險的精神和力量，是時候給他在這些概念上面再加深教育了。

洛克菲勒對小約翰說道：「你要記住，開公司首先是為了掙錢。但是掙錢永遠不是公司經營的唯一目標。不管是作為一個自然人還是商人，我們都應該時刻記著要為社會做出貢獻。」

洛克菲勒禁不住回憶起自己以往的經歷：「隨著年齡的增長，看盡世間人生百態，我才知道，人和人都是相互支援生存的，只不過有

些人需要被更多地支援。對於非洲貧困人民的幫助，不管是出於國際人道主義還是出於自身的同情心，我們都應該責無旁貸，積極伸出我們的雙手。不只是這些人們，社會上其他弱勢群體，比如殘疾、低能等這樣的人群都應該成為我們施救的對象。」

洛克菲勒轉過身，對小約翰笑了笑，繼續說道：「幫助他人時才是人生中最開心的時刻，只是沒幾個人能明白這個道理。所以，很遺憾，這種開心的時刻就這樣悄悄溜走了。」

在洛克菲勒的支持下，小約翰的計劃實施得很順利，經過緊鑼密鼓地準備，終於在一個月後，小約翰所倡導的基金會正式成立了。而洛克菲勒也很榮幸地擔當該基金會的榮譽理事長，並受邀做了演講。

對於不善言辭的洛克菲勒來說，這一段致辭不僅是為基金會的發展做出指導，更是他奮鬥一生後的人生感悟。

「我認為我們需要將兩件事當作目標，首先是得到你想要的東西，然後分享它，而很多目光短淺的人只能看到第一步，不能看到第二步，只有最明智的人才能做到第二點。到現在，我和大家一樣認為我的事業是成功的，我擁有了一定的金錢，不過大家沒有看到這些以

充裕、富庶、豐富為代表的財富之下還有機會、享受、平衡和分享。

　　「儘管我是一個白手起家的人，但是我始終認為自己只不過是代替上帝管理財富的經手人而已，這些財富不屬於我，所以這些神賜的財富應該分散到社會上，只有大家都因為這些財富得到改善，那才是真正的財富。所以，我勸誡在座的各位要善用財富，如果不能好好地利用財富，那麼財富反而會變成我們的負擔。要記住，使用財富的價值勝於擁有財富。

　　「記得愛默生曾經說過這樣一句話，『金錢是一定數量的玉米和其他商品的代表。它是這麼多溫暖，這麼多麵包。』我想現在是將這些玉米和麵包分享出去的時候了，一個人的富有程度和他分享的事物成正比。」

IO．借錢也是賺錢的手段之一

有一段時間小約翰就曾經因為自己借貸太多而痛苦不已。他日夜恐懼著，他擔心自己會償還不起這一大筆的債務。所以，他一直在猶豫，自己是否還應該繼續向銀行貸款。

洛克菲勒得知後，便將小約翰叫到自己的面前。

洛克菲勒說：「兒子，我知道你現在正在為你的借貸而擔憂。我年輕的時候，為了擴張實力，我也曾經向銀行借貸。為了借出更大的數額，我還將自己的企業抵押給銀行。最後我就是用這筆錢在石油行業站穩了腳跟。你看，你的父親便是依靠著銀行的貸款成功的，就算是後來，我的企業發展到一定程度的時候，我也曾向銀行貸款過。兒子，貸款是一件很常見的事情。」

小約翰聽後，認真地說：「嗯，父親，這些我都知道，您這麼一說，我的心倒也放下來了。」

洛克菲勒又鼓勵道：「所以兒子，在貸款方面，你不能恐懼，因為貸款是你走向成功路的必經過程，如果少了這一個程序，你是很難成功的。你就大膽地去做吧，就算失敗了，也可以進行下一次的貸款啊。兒子，你要記住，人生就是一個不斷借貸的過程，為了我們的前途去借貸我們的青春，為了我們的事業去借貸我們的生命。如果你恐

懼借貸的話，那麼你還沒有開始，就意味著你已經輸了。為了以後的成功，我們冒險去借貸還是非常值得的。」

　　在洛克菲勒眼中，不借錢的人是很難走向成功的。借錢是為了給自己創造好運，借錢也是為了給自己鋪平成功的道路。所以，不要害怕借貸，也不要將借貸看作讓人驚恐的負擔。相反，我們應該利用好借貸，將借貸的力量發揮到實處，只有這樣，你才能夠真正利用借貸為你的成功服務。

II · 金錢才是尊嚴的底子

　　洛克菲勒成功之後，他的巨額財富給他帶來了很多的罵名。人們冠以他「偽君子」「吸血鬼」的稱謂，這讓小約翰異常地痛苦。在小約翰看來，他的父親之所以遭受這麼多的謾罵，就是因為金錢的緣故。這也讓小約翰從心底對金錢有一種排斥感。

　　對於小約翰的想法，洛克菲勒是知道的。他必須要扭轉小約翰的這種觀念，不能讓這樣的思想影響了兒子的發展。

　　洛克菲勒找到小約翰說：「約翰，其實我經常會把人們的這種謾罵聲當成對我的頌揚，我很享受，雖然這份頌揚並不怎麼美妙。」

　　看著兒子疑惑的神情，洛克菲勒再次說道：「約翰，我生命的重心就是我自己，我明白什麼樣的生活方式適合我，所以不管他們罵得有多激烈，我都不會在意。因為在那些人眼中，即便我做了那麼多的慈善，他們也會認為我是一個十惡不赦的人。甚至還有人將我的慈善看成是贖罪，這真是一個滑稽的罪名。」

　　小約翰看著洛克菲勒，問道：「可是……父親，他們又為什麼會那麼說呢？」

　　洛克菲勒說道：「兒子，不管他們如何說，我一定要讓你知道，你的父親不管在什麼時候都不會讓你蒙羞的。我向你保證，放在我口

袋裡的每一分錢都是乾乾淨淨的。我相信上帝是獎罰分明的，也相信我的這些財富都是上帝賜予的，對於這些，我問心無愧。」

　　隨後，洛克菲勒又給小約翰說了一些自己年輕時創業的故事。又說道：「雖然現在我的做法被很多人誤解，但是我相信，時間久了，我的做法肯定會得到大家的尊重的。要知道，金錢是可以提升一個人的尊嚴的。」

12 · 金錢不可怕，可怕的是你的態度

對待金錢和財富，洛克菲勒這樣認為：「我不能說，財富的多少可以用來當作衡量人生成功與否的標準，但幾乎毫無例外的是，你可以利用財富的多少來衡量一個人對社會所做的貢獻。你的收入越多，你的貢獻也越大。一想到我已經使無數國民永遠走向了富裕之路，我便感到自己擁有了偉大的人生。取之於民，用之於民，才是該有的行事之道。」

因為貧窮，洛克菲勒一度無法接受卑微的自身和人們的侮辱嘲諷，這種自卑的心理使洛克菲勒極度重視金錢，可是內心道德對貪婪的譴責又使他不知如何是好，這種複雜糾結的思想和金錢觀可以從洛克菲勒的日記中得到明顯的證明。

在俄亥俄州參加一位牧師主持的禮拜時，這位上了些年紀、面容可親的牧師在布道時說：「要去掙錢，光明磊落地掙，然後明智地花出去。」這句使洛克菲勒驚醒的話記錄在他的日記本上，約翰·衛斯理還有一句名言：「『能掙錢』的人和『能省錢』的人若同時又是『能給予』的人，那麼就能獲得更多的神恩。」

就是這兩句話打開了洛克菲勒的心結，他想：以金錢的方式及時行善，熱心幫助他人也許是唯一證明自身價值的機會。他認為，上帝

既然給了他看護財富的許可，也必定要讓他再將金錢返還給社會。

　　在參加這個禮拜以前，洛克菲勒就已經對慈善事業有著明顯的興趣，這點可以從他的賬本上看出。即使是在日子拮据的時候，洛克菲勒依然會拿出零散的錢給遇到的乞討者。而且，這個布施的數目竟然達到了洛克菲勒總收入的 6%。要知道，一個常常捉襟見肘的人，可以長期拿出收入中 6% 的資金來幫助他人，除了需要善良外，又該具有多大的勇氣啊！

13·人最容易背叛善良

　　一八五九年，賓夕法尼亞州開挖出世界第一口油井。當無數人湧向西北，開始挖井鑽油的時候，洛克菲勒堅定地認為原油價格必將大跌，真正能賺到錢的是煉油，而非鑽油。於是，洛克菲勒繞開鑽油的這個怪圈子，開始全身心地投入到石油的提煉中去。只是，雖然結果如洛克菲勒預料的那般，但是大規模的生產、提煉，卻也造成了產品過剩的現象，這對公司的發展是不利的。

　　最令洛克菲勒痛心的一件事情發生在克利夫蘭。煉油業因生產過剩幾乎無利可圖，很多煉油商已經跌落到破產的邊緣。而克利夫蘭的狀況似乎更加不容樂觀，因為遠離油田，這就意味著與那些處在油田的煉油廠相比，洛克菲勒的克利夫蘭煉油廠必須付出更加高昂的長途運輸費用，這一系列的狀況讓洛克菲勒處於非常被動的局面。

　　為了改變這一局面，洛克菲勒計劃大規模收購在死亡線上掙扎的煉油廠，合力煉油，並統一行動。這樣一來，不僅洛克菲勒的情況會有所好轉，對於那些個體廠商來說，也是一個很好的機會，能夠免於破產。

　　洛克菲勒興奮地將這個計劃與大家分享，並且友善地提出，如果有人對這個計劃感興趣，洛克菲勒將積極與其磋商，還可出資購買其

煉油廠。這一提議得到很多人的支持，也是由於善良的願望和戰略上的考慮，洛克菲勒買下了許多毫無價值的工廠，儘管它們就像陳舊的垃圾毫無利用價值。

可受益的其他人並沒有設身處地地為計劃實施效果去考慮，有些人甚至過於邪惡、自私和忘恩負義，他們拿到錢後便與洛克菲勒為敵，肆無忌憚地撕毀與其達成的協議。他們捲土重來，用一堆廢鐵換來的金子購置設備，重操舊業，並公開敲詐洛克菲勒，強制要求洛克菲勒買下他們的工廠。要知道，這些人都曾要求以誠相待，讓洛克菲勒在收購他們癱瘓工廠時出了好價錢，洛克菲勒做到了，然而，其餘的很多人卻出爾反爾，剛從洛克菲勒這裡得到了拯救，便轉手又給洛克菲勒帶來了致命的打擊。

理智，往往是是非分明的利益調整器，在它的作用下，人情不會對利益分配產生任何影響，但善良卻算得上是它的反義詞，尤其是喪失原則的過分善良還會自欺欺人、顛倒黑白，使受益各方都有怨言。要使自己過得「安全」些，那麼，在保持善良的同時，多一份警惕和謹慎是不為過的，否則利益爭奪的結果或許就可能會致你一敗塗地。

I4·為了大局，義無反顧

　　托拉斯的運作使洛克菲勒乘上了成為億萬富翁的快速列車，而當時兼併小廠商的過程並不簡單，除了要和他們鬥智鬥勇，除採取合適的成交方式外，還要面臨和親弟弟之間的較量。

　　弟弟富蘭克林是拒絕和洛克菲勒合作的強硬派成員之一。富蘭克林是一個非常倔強的人，他曾參加過南北戰爭，退伍後，便進入到商界打拼。不過，他沒有像威廉那樣進入到哥哥洛克菲勒的公司，而是自己單打獨鬥，並且也躋身到了石油行列。

　　隨著哥哥洛克菲勒的生意愈加紅火，富蘭克林對哥哥的意見也越來越大。因為洛克菲勒實行的兼併政策導致富蘭克林失去了對自己公司的控制權，這一點是很讓富蘭克林憤怒的。他怒斥洛克菲勒是吸血鬼，是個殘酷無情的人，將他和無數商人逼上無路可走的窘境。

　　富蘭克林公然對抗自己的行為，讓身為哥哥的洛克菲勒很是惱火。不過，因為富蘭克林和自己的關係，洛克菲勒並沒有立刻實施打壓，而是很耐心地勸說富蘭克林，希望他認清市場發展的趨勢，不要和自己做無謂的對抗。可惜，處於憤怒極點的富蘭克林，根本就聽不進去哥哥的勸解，還是一意孤行，試圖阻攔洛克菲勒的兼併計劃。

　　為了不影響自己的兼併計劃，洛克菲勒甚至以威脅的口氣告誡富

蘭克林：自己已經和鐵路公司聯手打算買下克利夫蘭所有的煉油廠，如果不把公司併入到標準石油公司，那麼它將會一文不值。然而，這招也沒有對富蘭克林造成影響，富蘭克林依然憎恨洛克菲勒，兩兄弟間的感情一點點地破裂了，最終成為不共戴天的仇人。

　　性格倔強的富蘭克林終究沒有向洛克菲勒低頭，他加入到生產石油者同盟中，成為和洛克菲勒鬥爭到底的一分子。在富蘭克林看來，哥哥洛克菲勒就是一個貪得無厭、不擇手段的小人，和這樣的人同行簡直是對自己的一種侮辱。富蘭克林這般抵抗，讓他的公司快速走向了破產的道路。最後，富蘭克林成了一個一無所有的窮光蛋，可是即便是這樣，他也不願意投靠到洛克菲勒的門下，更沒有後悔與洛克菲勒及威廉作對。

　　競爭的結局總是以一方接受悲劇結尾，而洛克菲勒這次的競爭對手竟然是自己的親弟弟，可就算是在血濃於水的親情面前，洛克菲勒也沒有動搖過，沒有被複雜的情緒所干擾，為了達成任務，他只能繼續向前，義無反顧！

15·遠見與淺見的分野

山姆·安德魯斯是洛克菲勒的技術師，從洛克菲勒進入煉油行業那天起，安德魯斯便一直追隨在洛克菲勒左右。後來，洛克菲勒任命安德魯斯為標準石油公司的技術總監。

不過，安德魯斯是一個目光短淺、喜歡安於現狀的人，而洛克菲勒卻是一個有著十足信心的野心家。對於洛克菲勒不間斷地借貸和投資，安德魯斯感覺到前所未有的恐懼和不安。

一八七八年，標準石油公司給旗下的股東發放了 50％的紅利，這件事情也加劇了安德魯斯和洛克菲勒之間的矛盾。安德魯斯抱怨道：「我們公司賺的那些錢，發放兩倍的紅利都綽綽有餘。」意思是安德魯斯認為，洛克菲勒對股東太苛刻，紅利更是太少。

洛克菲勒是一個不喜歡衝突的人，他也盡可能地避免和員工之間的衝突。可是，他最無法容忍的就是滿眼都是紅利的人。

有一天，安德魯斯徹底被洛克菲勒毫無顧忌的投資行為給激怒了，他氣沖沖地跑到洛克菲勒的辦公室，大喊道：「我不要在這種地方工作了。」

洛克菲勒神情淡然地看著眼前這位嘶吼的夥伴，然後說道：「山姆，你好像一直對我的做法沒有信心，對公司的發展沒有信心。既然

這樣，你就給你手中的股份出個價吧！」

安德魯斯毫不猶豫地回答道：「一百萬美元。」

洛克菲勒慢吞吞地說：「我考慮一下，明天我們繼續商議這個問題。」第二天，安德魯斯早早地來到辦公室，而洛克菲勒早就已經準備好了一百萬美金的支票。

實際上，洛克菲勒最擔心的就是安德魯斯會不顧一切地公開出售公司的股票，這樣公司股票肯定會下跌，對公司信譽也會造成重大的影響。要知道，這個時候的洛克菲勒正在四處借債。

對於這一百萬美金，安德魯斯是極為欣喜的。在他看來他是大賺了一筆，可是洛克菲勒剛拿下安德魯斯的股票，便轉手賣給了威廉・范德比爾特，馬上淨賺了三十萬美金。

安德魯斯得知後直呼上當。洛克菲勒便讓人轉告他，他也可以用原價再買回股票。當時在氣頭上的安德魯斯一口回絕了洛克菲勒的提議。有人曾經計算，如果當時安德魯斯聽從洛克菲勒的建議再次購進的話，這些股票的價值將會上升到九億美元。

安德魯斯性情膽小，不喜歡冒險。在和洛克菲勒合作期間，他對於公司的發展並沒有多大的信心，所以他最後的選擇只能是離開；而

洛克菲勒則恰恰相反，他是一個企業家，也是一個信心十足的野心家，他有足夠的信心，相信自己的公司會發展得越來越好。

　　他曾經這樣評價安德魯斯：「他就是一個不折不扣、無知至極的混蛋，還有是一個老是自以為是的笨蛋。」

　　而至於安德魯斯，喪失了信心，不僅讓他失去了一個發大財的機會，也讓他錯失了和這個世界首富並駕齊驅的機會。他在歐幾里德大道上買了一所極其奢華的大廈。然後，他會對每一個和他閑聊的人抱怨洛克菲勒的狡猾和奸詐。而洛克菲勒的第一個合夥人克拉克則一語道出了他內心的想法——「在股票出售之前，他恨的是洛克菲勒；在股票出售之後，他恨的則是自己。」

16 · 交友之道

有人說，如果你要瞭解一個人，不妨先去看看他身邊的人或是他的朋友。

從年輕的時候，洛克菲勒就對朋友品質的辨識有了很好的判斷力，並且一直使自己與那些思想積極的人來往，主動回避那些消極、蠻橫、鼠目寸光的人。

在寫給兒子約翰的信中，洛克菲勒就很有條理地將自己在交友方面的原則教給約翰，並希望約翰能從中領悟到其深刻的含義。

被洛克菲勒拒絕成為好友的人主要有兩種——

第一種，就是安於現狀的人。這類人不對未來充滿希望，因為他們自認為自己能力不足，不可能有很好的運氣和機遇，更不可能會做成一番大事。相反，他們喜歡穩定、有保障但待遇稍微低一些的工作，哪怕這些工作簡單重復，日子也是渾渾噩噩。當然，其中也有一些人可能想過做一份有挑戰的工作，不過終究沒有足夠的信心和勇氣，使他邁步跳出那個得過且過的怪圈，他們又會回到害怕困難和害怕遇到阻力，不想改變的老樣子。

在洛克菲勒看來，這些不懂得欣賞自己的人到頭來依舊過著哀嘆命運的生活，讓消極占據自己的內心。

第二種，是指不能有始有終地完成挑戰的人。這類人比第一種人有一定的進步，但是結果卻差不多。他們也憧憬美好的未來，並能為這些工作做出一定的計劃，進行到這裡，問題就出現了——不能長期堅持自己的夢想，不能持續完成計劃。隨著時間流走，有時候越來越大的壓力使他們萌生了放棄的念頭，夢想久久沒有出現的徵兆也使他們對自己當初的選擇和努力產生懷疑，繼而也就變得懈怠、自暴自棄。

　　這樣的人會有很重的恐懼感，這種恐懼感可能是因為某次失敗的經歷直接造成的。事實上，這一類人其實對現狀並不滿意，但是正因為他們心裡的那份恐懼，才使得他們不敢再過多地涉險，也就徒留失敗後的自怨自艾了。

　　此外，在這一類人中，也不乏一些真正有才能的人，但是就因為那一份恐懼和不安，束縛了他們前進的腳步，讓他們不敢再輕易冒險，使他們只能以平淡的生活來結束這一趟人生旅程。

17·不要讓一粒老鼠屎壞了一鍋粥

當時，洛克菲勒統轄下的標準石油公司，是克利夫蘭生產成本最低、最有效率的一家石油生產商。按理說，洛克菲勒靜靜地坐在辦公室裡，就可以弄垮競爭對手的企業。可是他並沒有這麼做，而是花高價將競爭對手的公司一家家地收購，關閉了他們的煉油廠。那麼他到底為什麼這麼做呢？

要知道，當產品價格遠低於生產成本的時候，產品商家就面臨著倒閉的危險。不過，這種市場規律並不適合應用到石油市場上來。那些煉油商們雖然身上有沉重的銀行債務和競爭壓力，但是就算是虧本經營，也足夠償還他們的債務利息了。所以，不到萬不得已，這些煉油商是不肯破產的。而這樣一來，石油市場的油價將會被進一步拉低，最後致使每個人都無利可圖。

這就好比是一隻無形的手，在背後操控著石油市場的價格。每一個煉油商都竭盡可能地追逐自己的利益，最後卻危及了整個石油市場的利益。洛克菲勒說：「大多數情況下，那些強大聰明的對手並不會給你帶來極大的困難，而往往是那些在生死邊緣苦苦掙扎的廠商會給你帶來巨大的磨難。因為他們已經毫無顧忌了，要麼辦下去，要麼關門大吉了。」

為了消除這種潛在的威脅，洛克菲勒只能大量地收購煉油廠。因此，他也欠下了一屁股的債務。為了還清債務，他必須要防止價格無止境地波動，這樣他的收入才會穩定下來。

　　在他看來，經濟過於繁榮或者是蕭條都不利於獲取利益。他主張適度增長，這也是從個人利益出發的。洛克菲勒的想法就是將瀕臨破產的煉油廠收購後便以低價出售，這樣就可以消除一票潛在的惡性競爭者，將風險降低！

18・善用千里馬

對於洛克菲勒來說，除了弗拉格勒外，阿奇博爾德也是他人生中非常重要的一個人物。洛克菲勒在公司吃午飯的時候，總是和阿奇博爾德、弗拉格勒三人坐在一起。

阿奇博爾德比洛克菲勒小 9 歲，身材不高的他是一位牧師的兒子，他和洛克菲勒一樣，有一個比較辛苦的童年。阿奇博爾德 10 歲的時候他的父親拋棄了家庭，不過在母親的傾心教導下，阿奇博爾德倒也養成了樂觀開朗的性格。阿奇博爾德十幾歲的時候，便來到了泰特斯維爾，進入到煉油廠工作。

而洛克菲勒之所以能和阿奇博爾德成為好友，也是因為阿奇博爾德所在的泰特斯維爾煉油府被洛克菲勒用高價收購，二人以此結識。

阿奇博爾德為人真誠，他總是興高采烈的樣子，滿肚子裝的都是笑話和故事。有阿奇博爾德的地方，就有歡聲笑語。阿奇博爾德這種平易近人的性格加上善於處理公共關係的能力，受到了洛克菲勒的重視。這一次，阿奇博爾德被派往油溪，去游說那裡的煉油商們入夥。

以前，油溪的人們總是用敵對的態度看待洛克菲勒他們，同時油溪的人們又有些害怕洛克菲勒，所以，洛克菲勒的幾次談判都沒有取得實質性的進展。阿奇博爾德就不同了，他的微笑能讓人放下心裡的

負擔，緩和緊張的敵對情緒，事實也像洛克菲勒預料的一樣，阿奇博爾德在油溪方面的工作開展得很順利。

接下來，洛克菲勒組建了阿克米石油公司，並任命阿奇博爾德作為主要管理者率領這個公司去兼併當地的煉油商。阿奇博爾德沒有辜負大家對他的厚望，短短幾個月，阿奇博爾德就通過購買或者租賃的形式，使 27 家煉油商歸順了標準石油公司。阿奇博爾德的速度之快，另洛克菲勒刮目相看。如實履行洛克菲勒要求的阿奇博爾德用公道的價格收購那些剩餘的煉油廠，使分散的煉油商們都如數進入到標準石油公司的管理中。

阿奇博爾德之所以能夠成為洛克菲勒的左膀右臂，正是因為洛克菲勒在遇到困難時，能及時發現合適的人才，阿奇博爾德才有機會到標準石油公司最艱苦的戰場去戰鬥，並用自己的才能為標準石油公司贏得了一場場的勝利。而洛克菲勒善於用人，善於在遇到困難時尋求最優秀的人來幫忙，也是他成功的重要秘訣，這一點值得我們認真學習和借鑒。

19・有競爭才會逼出潛力

洛克菲勒創建的標準石油公司，可謂是石油行業的領頭軍。在管理上，洛克菲勒很注重員工心理素質培訓。有一次，他們公司做了一個騎自行車的實驗。

第一個人，單獨騎自行車，平均速度為每小時 26 公里；

第二個人騎自行車的時候，有一個跑步的人跟隨，最後其時速達到了 30 公里；

第三個人則是參加了一場騎自行車競賽，在這場比賽中，這個人的時速為每小時 33 公里。

由此可以看出，當你一個人奔跑的時候，你的速度是最慢的，當你的競爭對手出現時，你的速度就會跑快一點兒；而當出現一個更強的競爭對手時，你體內的潛能也就更能發揮到了最大，速度也就會達到了頂點。

洛克菲勒公司有一名講師，這位講師曾經講述過這麼一個故事。一位動物學家在非洲考察的過程中發現，奧蘭治河東岸和西岸的羚羊大不一樣。東岸羚羊的繁殖能力和奔跑速度要遠遠大於西岸的羚羊。

生物學家感到非常奇怪，按理說，兩批羚羊生活的環境一樣，食物也一樣，那為什麼會有這麼大的差別呢？為了弄清楚原因，這位生

物學家在同伴的幫助下，分別將兩岸的 10 隻羚羊換到對岸生活。最後發現，送往西岸的羚羊繁殖到 14 隻，而東岸的羚羊還只有 3 隻。

　　謎底終於揭曉了。原來，在東岸羚羊群邊還有一個狼窩，為了生存，東岸的羚羊只能變得越來越強壯，越來越有力，而西岸的羚羊之所以如此，也是因為缺少了競爭對手的原因。

　　古羅馬詩人奧維德也說過：「一匹馬如果沒有另一匹馬緊緊追趕並要超過它，它就永遠不會疾馳飛奔！」

20·傾聽的智慧

伊麗莎白升任部門經理後,有一段時間,部門的業績下滑,而她和員工之間的溝通也出現了很多的問題,這一切都讓伊麗莎白感到非常煩躁。後來,伊麗莎白便想著用改變辦公環境的辦法來緩解一下鬱悶的心情。

於是,趁著周末,伊麗莎白便開始設計自己的構想。她讓人變換了辦公室的陳設,移動了桌子和椅子的位置,重新設定了文件櫃和盆景的擺設。在這個過程中,伊麗莎白很是快樂,她覺得自己的這個決定簡直明智極了。

周一那天,伊麗莎白早早地來到辦公室,她想要看看同事的反應。可是讓她很失望的是,進入辦公室的人,看到這些景象都是一言不發,誰也不說一句話。更沒有人誇獎她,有的話反而倒是多了幾分埋怨的味道。

伊麗莎白很是不解,在她看來,這些員工根本就是在故意和她作對。一個星期後,伊麗莎白經不住員工的沉悶,只能又花費了一個周末的時間,將辦公室的擺設又還原回去。這下,辦公室才算是又有了一點兒生機。

伊麗莎白把這件事情告訴了自己的父親洛克菲勒。洛克菲勒聽了

之後便說：「哦，親愛的女兒，在這件事情上，你既然知道來徵詢我的意見，那你為什麼不去問問員工的想法呢？」

於是，第二天，伊麗莎白便讓辦公室裡的所有員工一起設計辦公室的擺設方式。當天下午，在傾聽員工的建議下，沒多久，一幅辦公室設計圖便完成了。

這一次的布置，員工們似乎都異常地興奮。大家一哄而上，忙得不亦樂乎。這一次的辦公室布置得到了所有員工的肯定和讚揚。可是伊麗莎白卻發現，這一次的擺動和她上次的擺動幾乎差不多，除了一兩張桌子的擺放外，位置可以說是一模一樣。

其實，專注傾聽是一種態度，也是一種美德。不管是在生活中還是在職場上，和人交流、溝通都是不可避免的事情，一個不善於傾聽的人，他就不會融入到團體生活中，更不可能和團體做好協調工作，也不會建立起一種和諧的人際關係。

所以說，不管你在社會中扮演著什麼樣的角色，都應該要善於傾聽，專注傾聽，尊重別人，也尊重自己。

21・不要忘了及時感謝

洛克菲勒擔任董事的時候,他經常會在自己員工的辦公桌上留下一張紙條,上面寫著自己對他們的感激之情。

他的女兒伊麗莎白知道這件事情後,便很不解地問道:「父親,你為什麼要在員工的桌子上留一張紙條呢?這難道不是很多餘嗎?」

洛克菲勒解釋道:「千萬不要小看了這一張小小的紙條。這一張紙條雖然只花費了我幾分鐘的時間,我甚至在不久之後就會忘記我寫了什麼樣的話語。但是,這張紙條對於員工的意義卻很大,他們可能不會記得我曾經寫過什麼,但是我的這份感激之心卻能夠成為鼓舞他們前進的動力。說不定在若干年以後,他們離職了、退休了,卻依然記得我這個老闆給予他們的鼓勵。」

伊麗莎白懷疑地說道:「一張紙條而已,真有那麼大的能量嗎?」

洛克菲勒又說道:「一句簡單的感謝,就能夠帶給人們無比強大的力量。這麼多年我公司的發展不就是最好的證明了嗎?」

後來,小約翰上任後,洛克菲勒又對他說:「一個老闆一定要善於激勵員工,一定要讓員工從你身上看到希望。你要記得提醒自己,員工是你必須要感謝的群體,也是你必須要委以重任的關鍵。」

22·寬容

　　大女兒伊麗莎白升任公司領導後，就曾經遇到一件事情，也正是這件事情讓伊麗莎白意識到，對下屬寬容有著很大的必要性。

　　有一次，伊麗莎白吩咐她的助手去擬定一份合約，這份合約非常重要，伊麗莎白反覆叮囑過很多次，一定要細心、細心。就這樣，合約來來回回地修改了很多次，到了最後定稿的時候，伊麗莎白又發現了一個問題，而且這個問題在上一次的談話中已經指出來了，可是助手卻並沒有改正過來。

　　伊麗莎白剛想發作，但是轉念一想，錯誤已經犯了，發火也改變不了什麼。於是，她讓自己冷靜下來之後，將合約推到助手的面前，面帶微笑地說：「您確定這份合約是最後定稿的嗎？」

　　聽到伊麗莎白的問話，助手也察覺到了有什麼不妥，於是又拿回去檢查了一遍，並且將那個錯誤改正了過來。助手將合約再次交給伊麗莎白的時候，伊麗莎白還很客氣地說了一聲「謝謝」，似乎她從來沒有看到過那個錯誤一般。

　　不過，經過這件事情之後，伊麗莎白明顯感覺到了這個助手的變化，變得比之前更加努力、更加細心了。

〈全書終〉

國家圖書館出版品預行編目資料

洛克菲勒思維聖經／林郁著；初版 -- 新北
市：新潮社文化事業有限公司，2023.03
　　　面；　公分
　　　ISBN　978-986-316-865-2（平裝）
1. CST：成功法

177.2　　　　　　　　　　　　111021593

洛克菲勒思維聖經

林郁　著

【策　劃】林郁
【制　作】天蠍座文創
【出　版】新潮社文化事業有限公司
　　　　　電話：(02) 8666-5711
　　　　　傳真：(02) 8666-5833
　　　　　E-mail：service@xcsbook.com.tw

【總經銷】創智文化有限公司
　　　　　新北市土城區忠承路 89 號 6F（永寧科技園區）
　　　　　電話：(02) 2268-3489
　　　　　傳真：(02) 2269-6560

印前作業　菩薩蠻電腦科技有限公司

初　　版　2023 年 06 月
初版二刷　2023 年 09 月